著者が訪ねた国々

⑨サンマリノ
⑩リヒテンシュタイン
スウェーデン
フィンランド
ノルウェー
エストニア
ロシア
ラトビア
リトアニア
デンマーク
オランダ
ベラルーシ
ポーランド
イギリス
ドイツ
アイルランド
ベルギー
⑧
スロバキア
チェコ
ウクライナ
フランス
オーストリア
モルドバ
スイス
ハンガリー
カザフスタン
⑩
ルーマニア
⑥
①
⑤
⑨
⑦
ブルガリア
グルジア
ウズベキスタン
②
④
ポルトガル
イタリア
アゼルバイジャン
キルギス
スペイン
③
ギリシャ
トルコ
トルクメニスタン
タジキスタン
アルメニア
チュニジア
キプロス
シリア
マルタ
アフガニスタン
レバノン
イラン
モロッコ
ヨルダン
ブータ
アルジェリア
リビア
クウェート
バーレーン
パキスタン
エジプト
ネパール
サウジアラビア
カタール
インド
オマーン
ミャン
イエメン
アラブ首長国連邦
バングラデシュ
モルディブ
スリランカ
シンガポ

世界の
学《まな》び舎《や》
こんにちは！
12歳のネットワーク

井上直也　文／写真

西村書店

もくじ

イスラム諸国の普段着の学校——西アジア（1）

教室から見たイスラム

みなさんはイスラムのことをどれだけ知っていますか？

私ですか？　何も知りません。ただ私には、学校に通うイスラムの子どもたちの声が聞こえてきます。

一緒に旅に出ましょう。

イエメンの小学校を訪れ教室に入ると、黒板があり、机が並び、子どもたちの声が聞こえる。日本と同じだが何となく違っている気がする。男女共学でないということもあるが、それだけではない。ゆっくり教室を見回すと、壁に貼ってあるものがほとんどない。ふつう、先生の教材や生徒の作品が飾ってあるのにそれがない。どうしてだろう。

イスラムの人々が通うモスクは礼拝をするところだ。建物の中に入ると、広い空間にあるのは聖地メッカの方向にある壁のくぼんだ面ミフラーブ、階段状の説教壇、『コーラン』を置く台ぐらいだ。内部の壁面は、幾何学文様、植物文様、アラビア語の銘文などで装飾されているが、人物画、聖像はない。宗教音楽もなければ祭壇もない。偶像崇拝は禁止されているのだ。

学校もこれと同じで、教室の壁面に人物画などがあると、偶像とみなされるからだろう。

神アッラーを讃え 家族に感謝／サナア（イエメン）

イエメン

私の相棒

礼拝の時刻を告げる呼びかけ、アザーンが乾燥した風に乗って町に響き渡る。２００８年５月17日、標高２，３００メートルの高地にある首都サナアに着く。イエメンでは土・日曜日は学校があり、休みは木・金曜日だ。男子は男子校、女子は女子校に通う。男女が同じ校門から入る学校もあるが、中では男子クラス、女子クラスに分かれる。

私の学校を訪ねる旅は、いつも一人で行きあたりばったりだが、今回は車をチャーターした。運転手は二十代の芯《しん》がしっかりしている若者だ。もう一人の、日本語は話せないが英語は話せるというガイドは四十代の男性で、彼の子どもは六人、男の子ばかりだ。「多いね」と言うと、「そんなことはない。イエメンではちょっと前までは、ミニマム十人マクシマム十五人だ」と教えてくれた。少子化対策なんて必要のない国だ。腹がだいぶ出ているが、半分真面目《まじめ》で半分不良っぽい。私のガイドには適任だ。どの学校も事前の約束なしで訪問するので、交渉役のガイドが、真面目なだけでは中に入れてくれない。私にとって不良っぽいということは人情味豊かな、ということだ。

さあ、出発だ。

アラビア語は右から左へ　こう書く／サナア

山の中腹にある女学校

標高１，４００メートルのタイズに着く。気候が穏やかな土地だ。

今日はこの土地の女子の中学校、高校を訪問しよう。ガイドは「女子校に行くのはいやだ」と駄々をこねる。「今まで行ったことはないし、入れてくれっこない」と。「私が交渉するから」と言い聞かせて、車でゆっくり急坂を登り学校を目ざす。花売りの子どもたちが、花花《チャワチャワ》、花花《チャワチャワ》、と澄んだかわいい声を出して、車と並んで走る。ポニーテールが左右に揺れる。

女子校は見学を許してくれた。ガイドは自分も学校の中に入りたいとせがむ。「あなたの腹を見て生徒たちがびっくりするから、校門に立って見張り番をつとめてください」と私は真面目に冗談をいう。彼の腹が大きく前後左右に回転した。

英語を学ぶ／タイズ

アラビア語で書かれたクラス全員のサインは私の宝物だ。

子どもたちが学ぶイスラム教

イスラム世界は広範囲にまたがり、多様性を持つが、子どもたちは家庭と学校でイスラム信仰を支える五つの柱を学び、信者の義務を知る。

一つ　信仰の告白。「アッラーのほかに神はない。ムハンマドはアッラーの使徒である」と宣言をする。

二つ　礼拝。メッカに向かって、一日五回礼拝する。

三つ　喜捨《きしゃ》。貧しい人には施《ほどこ》しをする。

四つ　断食《だんじき》。断食を行うラマダーン月は、一ヶ月間、日の出から日没までいっさい何も食べない。子どもなどは除外される。

五つ　巡礼《じゅんれい》。余裕があれば、一生に一度は集団でメッカにお祈りに行く。

食欲旺盛／イッブからタイズへ向かう途中の村

サウジアラビア

「祈り」は場所を問わない

子どもは小学校に通うぐらいの年齢になると、家庭で「祈り」を親から学ぶ。親は、わが子が祈りを通してあつい信仰心を持ち、将来よい職業に就くことを願う。祈りは家族の絆を強くする。家庭はモスクでもあるのだ。学校も家庭の祈りを受けつぎ、宗教心の強い子に育てる。

サウジアラビアの首都リヤド。２００８年12月27日、男子が通う小学校を訪ねる。正午近くになると子どもたちはメッカに向かって祈りの準備をする。全員だ。低学年は廊下に敷かれた絨毯《じゅうたん》の上に座り、高学年は校庭に出て祈りの場所に整列して立つ。さきほどまであんなに活発に遊んでいた子どもたちが、うそみたいに真面目な顔だ。私語は全くない。携帯電話が鳴ることもない（持っていないのだから）。先生たちが生徒のまわりに立つ。絨毯の上がモスクだ。校庭がモスクだ。集団の祈りが始まる。集団の結束が強くなる。小さい敷物一つあれば、たとえ砂漠であっても一人、神《アッラー》と向き合う勁《つよ》さが身につく。

メッカに向かって祈る／リヤド

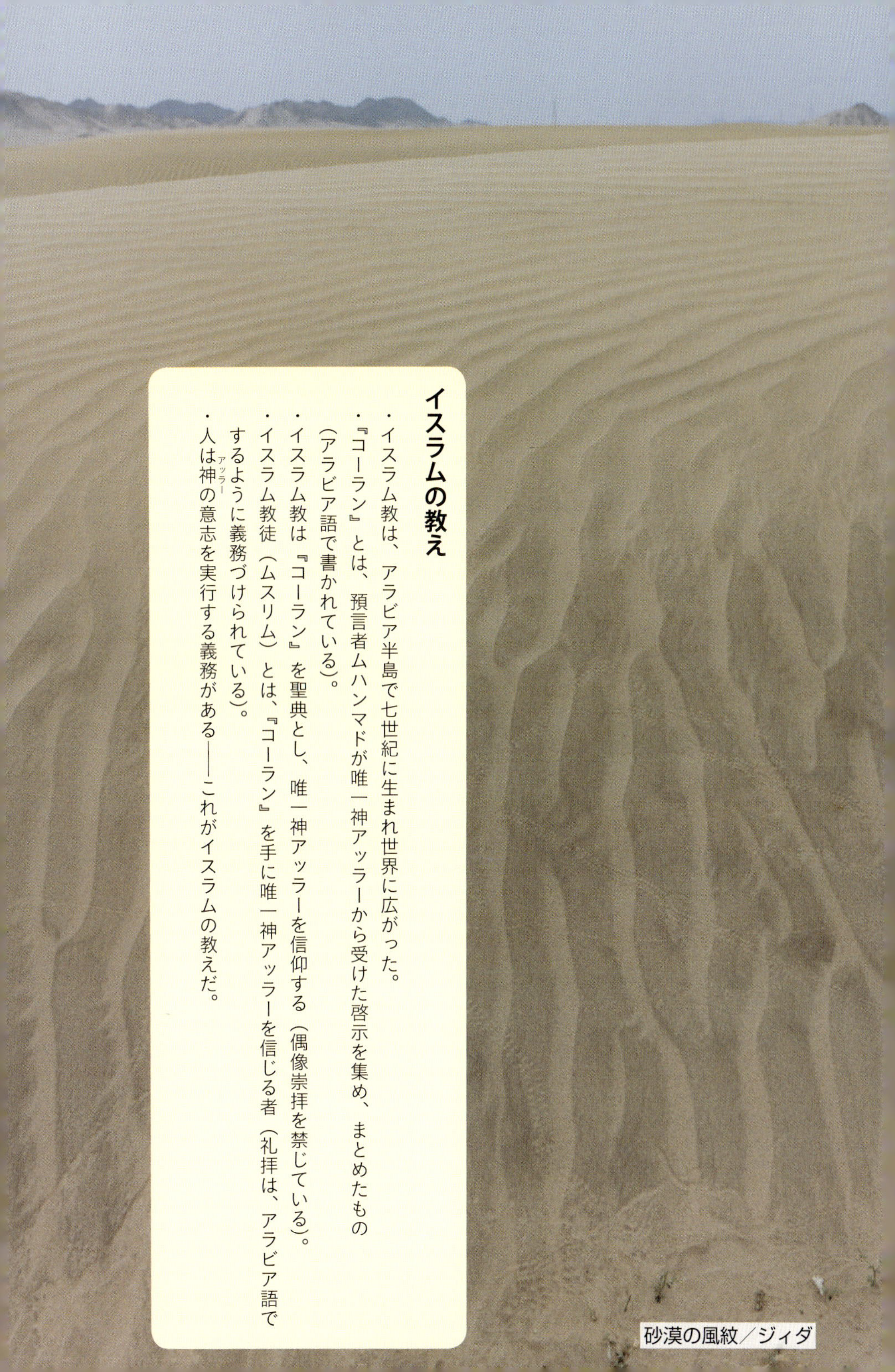

イスラムの教え

・イスラム教は、アラビア半島で七世紀に生まれ世界に広がった。
・『コーラン』とは、預言者ムハンマドが唯一神アッラーから受けた啓示を集め、まとめたもの（アラビア語で書かれている）。
・イスラム教は『コーラン』を聖典とし、唯一神アッラーを信仰する（偶像崇拝を禁じている）。
・イスラム教徒（ムスリム）とは、『コーラン』を手に唯一神アッラーを信じる者（礼拝は、アラビア語でするように義務づけられている）。
・人は神《アッラー》の意志を実行する義務がある——これがイスラムの教えだ。

砂漠の風紋／ジィダ

イラン

イスファハーンへ

２００８年2月29日、車で半日以上かけて、シーラーズからイスファハーンに来る。長さが３００メートルあるスィー・オ・セ橋が見える。町の中心に着いたのだ。イランでは男女別学だ。女子は四年生になるとスカーフを被る。教室の机は黒板に向かって並ぶ。授業内容によっては机を四つ、六つと向かい合わせて長方形をつくる。日本とほとんど変わりがない。女子は控え目だが、明るい子が多い。授業中もよく質問する。中学・高校生になると休み時間はバレーボールをする子もいるが、ほとんどの子は校庭で友だちと立ち話をしている。男子はサッカーが好きだ。先生と一緒にするところをよく見かける。

指で描く未来／イスファハーン

ピンクと白のスカーフの案内役

テヘランの小学校では、朝礼が終わると、黒いチャドルで全身をおおった校長先生が、学校見学の案内役として四年生の女子生徒二人を紹介してくださった。ピンクのスカーフを被った少女は頬がふっくら。白いスカーフの少女は目がぱっちり。二人とも色白で眉が濃い。スカーフから緊張が伝わってくる。

「ほら見て、一年生から教室に入るの。走っちゃ駄目なの」

ピンクのスカーフが上下に揺れる。

「イランでは女の子は女子校に行きます。先生もみんな女の人です」白いスカーフが微かに動く。

「二人とも英語が上手だね」

「お父さんがトルコでお仕事していたの。そのとき勉強したの」

「私は家族とイギリスで生活したことがあります」

「ここ図書室」「ここはコンピューター室です」

「この広い部屋は礼拝をするところ」

ピンクのスカーフの子は先を先を話そうと急き込んで、ときどき言葉に詰まる。

「日本から来たんでしょ」

ピンクのスカーフの子が突然聞いてくる。

「そうだよ」

「昔、わたしたちの国がペルシャだった頃、いろんな品物がシルクロードを通って日本に渡ったんですよね」白いスカーフの子は目をさらに大きくして私をのぞき込む。

「よく知ってるね」

「歴史と地理の授業で習いました。陸のオアシスの道を通ったのかしら。それともアラビア海から海の道かな。品物は日本から先には行かなかったのですか?」

「多分行かなかったよ。日本の先は広い海、太平洋だからね。ぼくはいま、シルクロード沿いの町の学校を訪ねているんだ。シーラーズ、イスファハーンを通って、ここテヘラン、これからトルコのアンカラ、イスタンブールに行くんだ」

「いいわね。わたしは家族とアンカラにいたことがあるの。私立の小学校に通ったけど、二年生なのに一週間に十時間も英語の授業があるの。クラスでイラン人はわたしだけ。それから知っている? トルコでは男の子もクラスにいるのよ。わたしの通った学校にも行ってね」

ピンクのスカーフの子は一気に話し終えると、ほっと深呼吸している。

その日、私は一年生から六年生までのクラスを見学することができた。二人の少女はピンクと白のスカーフを揺らしながら、これからどんな道を切り拓くのだろう。学校を去る時、二人は私に厚みのある長方形の品物をくれた。「やるじゃないか」と隣で満足そうに校長が微笑んでいる。

その品物を指さして、校長はひと言、「クルアーン(コーラン)です」とおっしゃった。

窓辺の想い／テヘラン

トルコ

2008年3月5日、イランのテヘランから空路トルコの首都アンカラへ。

よく遊びよく学べ

広い校庭の片隅に置かれたテーブルで、私は若い英語の女性教師と話していた。イランで出会ったピンクのスカーフの少女が通ったという小学校にやって来たのである。

「そうですか。元気にやってますか。テヘランでね。この学校は低学年でも外国語として英語の授業が週十時間あります。あの子が編入してきた時、そう、覚えています。前屈《まえかが》みになって首を伸ばし、わたしは一言も聞きもらさないんだ、という気持ちが伝わってきました。隣の子が世話焼きでね。すぐクラスの子と仲良くなりました。子どもは、特に小さい子は、自然の成り行きにまかせればうまくいきます。本当に困った時だけ、声をかけるようにしています」

突然、どこからともなく女王蜂が一匹飛んできて、私に声をかける。「どこから来たの？」

私が答える間もなく飛び去った。「あの子は私が次に授業する子どもですよ」と教師。

校庭では大勢の子どもたちが思い思いに遊んでいる。その先に、生徒の帰りを待つスクールバスが十数台のんびりと日向ぼっこをしている。色白で眉が太く濃い女王蜂は、こんどは働き蜂を従えそっとやってくる。

「名前何て言うの？」とチクッと刺し、すぐにブウンとみんなで飛び去る。遠くでこちらの様子を窺っている。働き蜂は十匹以上に増えている。

この先生は経験は浅いが生徒を教え育てるプロフェッショナルだ。彼女は生徒たちが、学ぶプロフェッショナルになってほしいとねがっている。女王蜂を先頭に、天を突き地面を叩くように、働き蜂が働き蜂を越え猛然と飛んでくる。あっ、と思うとぴたりと私たちの前で止まる。

「わたしたちのクラスに来てね。五年生の教室はあ・そ・こ」

と女王蜂は二階を指す。

「ようこそ、わたしたちのクラスに」

と合唱して十四匹の働き蜂は一列で蛇行しながら校庭を横切り巣に向かう。

私と先生は顔を見合せながら腰をあげた。

ピンクのスカーフの子も、あの女王蜂のように好奇心を翅《はね》に乗せてこの校庭を飛び回ったのだろうか。働き蜂たちを引き連れて。

女王蜂と働き蜂／アンカラ

レバノン

２００８年3月13日、トルコのイスタンブールから空路レバノンの首都ベイルートへ。

ベイルートの繁華街には、ところどころに銃を持った兵士が立っている。市民からすれば、自分たちはしっかり守られていると思うだろうが、一人うろうろしている我が身にとっては、ちょっと危険を感じる。それでも、一歩小学校に入り、陽気な子どもたちの顔を見れば兵士の姿は頭から消える。

わたしのやり方

えんぴつを忘れた
ノートもない
首を伸ばして
耳を澄ます
ちゃんとわかる
わかるまで首を伸ばす

３月のレバノン山脈／バールベック

さあ 勉強だ／ベイルート

シリア

２００８年３月18日、車でレバノンのベイルートから砂漠を横断し、シリアの首都ダマスカスに入る。日用品からみやげ物まで、何でもそろっているスーク（市場）を抜けると、急に明るくなり、賑やかな声が聞こえてくる。屋台が並ぶ。その先にウマイヤ・モスクが見える。

ウマイヤ・モスクの親子

今日は休日だ。モスクのタイル張りの中庭は広く、家族連れ、友だち同士、観光客でいっぱいだ。みな裸足《はだし》で履物を手に持って移動している。人々は、庭のまわりを囲む屋根付きのアーケードを歩き、気に入った場所に陣取って座り、くつろぐ。弁当を広げて食べる家族。人々が話す声はとても低い。

神《アッラー》のもとでは人はみな平等で、自由を静けさの中で楽しんでいる。

ウマイヤ・モスクの平安／ダマスカス

ウマイヤ・モスクの親子／ダマスカス

ヨルダン

２００８年３月21日、車でシリアのダマスカスからボスラを経由し、ヨルダンの首都アンマンに入る。途中はほとんど石と砂礫《されき》の砂漠地帯だ。

アンマンから車で四十分、ザルカに着く。

持ち寄って分け合って

さあ、ランチタイムだ。今日は五人の仲間と、お気に入りの場所を選んで食べることができそうだ。わたしたちは狭くて小さいけど教室の隣の物置き部屋に決めた。それぞれの家から豆やらサラダやらパンやらを二品だけ手分けして持ち寄り、床の敷物の上に置く。これで準備ＯＫ。食べ物の入った色や形がさまざまな十種類の容器が、わたしたちを見上げ話しかける。

「この豆、たっぷり煮こんであるの。味がいいわよ」とどんぶりさん。

「このサラダいろんな野菜が入っているの。ビタミンたっぷりよ」と四角いプラスチックの容器さん。

そうです。わたしたちは持ち寄った食べ物を分け合って、たまには膝や頭を突き合わせ、おしゃべりしながら食べるのです。ここではいやなことも、ときには秘密の話もこっそり打ち明けられる。何と楽しいことでしょう。

真面目なときもある／ザルカ

アフガニスタン

2003年12月、タジキスタンから連絡船で川を渡り、同行者三人とアフガニスタンに入る。

土壁とスカーフ

北の都市マザーリシャリフから60キロほど離れた村を車で目指す。途中、ロシア製戦車の残骸の横を通り過ぎ、山羊《やぎ》を追う少年に追いつき追い越す。女学校にたどり着く。何もない土の庭を囲むように、土壁の教室が並ぶ。校舎に入り、戸のない教室の入口に立つ。横を見ると壁に生徒たちの黒いスカーフが十二、三枚掛かっている。古いがみな清潔だ。その襞《ひだ》にほのかに生活の匂いを感じるスカーフが一枚一枚、私に問いかける。あなたは道ばたの花を見ましたか。山羊を追う少年に会いましたか。あなたが求めているものはありましたか、と。

教室の中から声がある。はっと我に返る。先生が私に声をかけたのだ。低い木の机と黒板以外は何もない教室。弱いが暖かな陽が、褐色の土壁に吸い込まれる。戦争を忘れて、ここには学べることの幸せを感じている生徒たちがいる。静けさと、からっとした暖かさの中に、先生の声が生徒に直《じか》に届く。この教室に余分なものはない。生徒と先生の信頼が強くなる。

千数百年前、はじめてメディナに建てられたモスクはナツメヤシの木と葉を使った質素なものだった。ムハンマドはそこで祈り、語り、行動し、わずかな信者と団結を強めていったのだ。余分なものはなかった。

夕陽に立つ少年／マザーリシャリフから 50 キロ

アフガニスタンの彼女たちに将来のことを尋ねると、医者、看護婦、教師になりたいと、まわりに気を配りながらもはっきり答える生徒がいる。ここでは女性が就くことができる職業は限られている。この子たちは、あのスカーフを被りまっすぐ家に帰るだろう。私は願い、祈る。せめて、この子たちにお互いの夢を語り合えるひとときの寄り道を与えてほしい。

クウェート

クウェートのインディアン・スクール

アラブ首長国連邦のドバイからクウェートに向かう機内で、たまたま隣に座る初老のクウェート人と知り合う。「あなたの国の学校を訪問したいのだが、どうしたらいいか知恵を貸してください」と頼むと、親切にも公立、私立の学校名をいくつか教えてくれた。クウェート人（自国民）は百二十万人で外国人労働者は百八十万人だという。少し早口で話す彼は、教育制度について語ってくれた。

クウェートで英語が話せる運転手を雇い、学校を探す。「インディアン・スクール」の文字が目に飛び込んでくる。機内で出会った先生からインディアン・スクールがいくつかあると聞いていたので、車を止め待たせる。外国人労働者の子どものための私立校だ。校長先生は見学を許してくださった。彼は運転手と同じインドのゴア出身だ。私は運転手を呼び寄せ校長に会わせると、なんと二人は同じ学校に通っていたということがわかった。

ここには、幼児から高校生まで二千名以上の男女が通う。インド人のほか、近隣アジア諸国出身の生徒たちもいる。遠くはフィリピンの生徒もいる。公立の学校はイスラム教とアラビア語中心だが、ここでは信教に関係なく入学でき、教室で話すのは英語だ。もちろんアラビア語も学ぶが時間数は少ない。私はのんびりした授業かと思っていたが、とんでもない。指導はきびしく、

インディアン・スクールの生徒たち

授業はスピード感にあふれ、生徒の学力は高い。高校生の卒業後の進路は、働くか進学するかのどちらかだ。クウェートをはじめ中東に留まる、欧米諸国に行く、母国に戻る、道は大きく三つだと生徒たちは明るく語る。

クウェートの明日を担っているのは、自国民の学校だけではなく、外国人労働者の子弟が通う私立学校もである。そして、その存在は大きい。

バーレーン

はじめてのバレーボール

バーレーンはペルシャ湾に浮かぶ島々から成る。首都マナーマの南にあるリファという町に着く。学校に許可をとり、校内に入る。広い。小柄でかなり年輩の校長先生は、小学生の熱気でむんむんする講堂の客席の最前列で舞台を見上げていた。催しはまだ始まっていない。学校訪問の目的を話すと、「わかった」と言って校長は私を外に連れ出した。「催しが始まるのに外に出ていいんですか」と言うと、「いいんだ。会場は若い人たちにまかせたほうがいいんだ」と先に立って私を教室に案内してくださった。

中学生のバレーボールの授業を見学する。男子十数名は引き締まった体の男性教師に、女子十数名は女性教師に体育館で指導を受ける。中年の男性教師はエジプトのカイロ出身だ。はじめてバレーボール

バレーボールを終えて／リファ

トラック一周のあとバレーボール／リファ

をするので、生徒たちはみな少し緊張している。個別の練習のあと、男子の生徒たちは二組に分かれてコートに入る。思うようにボールが相手コートに入らない。それでも先生は細かいことは言わず、バレーボールが好きになるように生徒一人一人を指導している。

と突然、「あなたもやりませんか」と先生から声がかかる。

「球拾いぐらいなら」と冗談を返して上着を脱ぐ。コートに入る。今まで生徒たちと先生のやり取りを見て楽しんでいたが、いまはそんな余裕などなく、ただひたすらボールを追う。体と体がぶつかる。たまにボールがネットを越えるとほっとする。コートに倒れる。別なコートの女子生徒たちがこっちを見ているような気がする。十五分ぐらいの練習が三十分以上に感じた。

授業は終わった。コートを出る生徒たちの表情は、男の子も女の子もすっきりして美しい。

カタール

ワールドカップの横断幕

ワクラにあるこの学校は大ホールを包み込むように、一、二階に教室がある。驚いたことには、ホールや教室の壁面に所狭しと生徒の作品が貼ってあるではないか。なぜなのか。イエメンではほとんど何も貼っていなかったではないか。教室はモスクではないのか。

石油の発見は、学校の教育設備、特にコンピュータ室を充実させた。インターネットを通じて、他の国と共同で一つの作品を作り上げることが可能になった。カタールで開催される2022年サッカー・ワールドカップを題材にした作品（横断幕）を、日本の学校と協力して作り上げていく。先生としては、出来あがった画像をプリントアウトして生徒全員に見せたいではないか。教室には縦1メートル×横3メートルほどの実物の横断幕が飾ってあり、JAPANとQATAR

日本とカタールの共同制作／ワクラ

の文字がくっきりと浮かんでいる。他の国と共同で作り上げた作品は、壁面を利用して飾る。カタールでは、教室がモスクでありつづけるために時代を受け入れ、いまではあたり前のように壁面を情報交換の場として提供しているのだ。このことはペルシャ湾沿岸五ヶ国に共通している。イスラム世界が、教育現場から大きく変化している。

「そのために、先生たちには海外で研修させている」と校長先生は胸を張って語る。

学校に別れを告げてワクラの漁港にくる。首都ドーハの賑わいと違い、静けさが漂う。砂浜に座り、古い漁船を眺めながら思いをめぐらす。

出番を待つ仕掛け網／ワクラ

オマーン

ナズワの新人教師

首都マスカットから内陸部を車で二時間ほど行くと茶色の景色が緑豊かな景色に変わる。オアシスが近くなる。ナズワの町だ。

ナズワ教育局から許可をもらい、五年生から九年生までの男子校を訪問する。先生もすべて男性だ。ナズワでは一年生から四年生までは共学だが、五年生からは男女別学だ。母国語はアラビア語だが、一年生から外国語として英語を学ぶ。

六年生三十五名の英語クラスを見学する。先生は地元出身の新人だ。大きな声や大袈裟な動作はなく、ゆったり淡々と授業を進める。窓から心地よい暖かさの日差しを受けている生徒たちを見ていると、眠たくなるのではないかと心配になるが、そんなことはない。

子どもたちが先生を信頼しているのが、会話と表情から読み取れる。先生に尊敬の念を持っている。というより生徒たちが先生を守り育てているように見える。何が子どもたちにそうさせるのだろう。

子どもたちは取っ組み合いの喧嘩をすることもあるだろうし、クラスにはいじめもあるだろう。そんな時この新人先生は、どうやって子どもたちを仲直りさせるのだろう。

なぜか、ふっと一昨日マスカットで会った人物を思い出した。生徒七千名が通うインディア

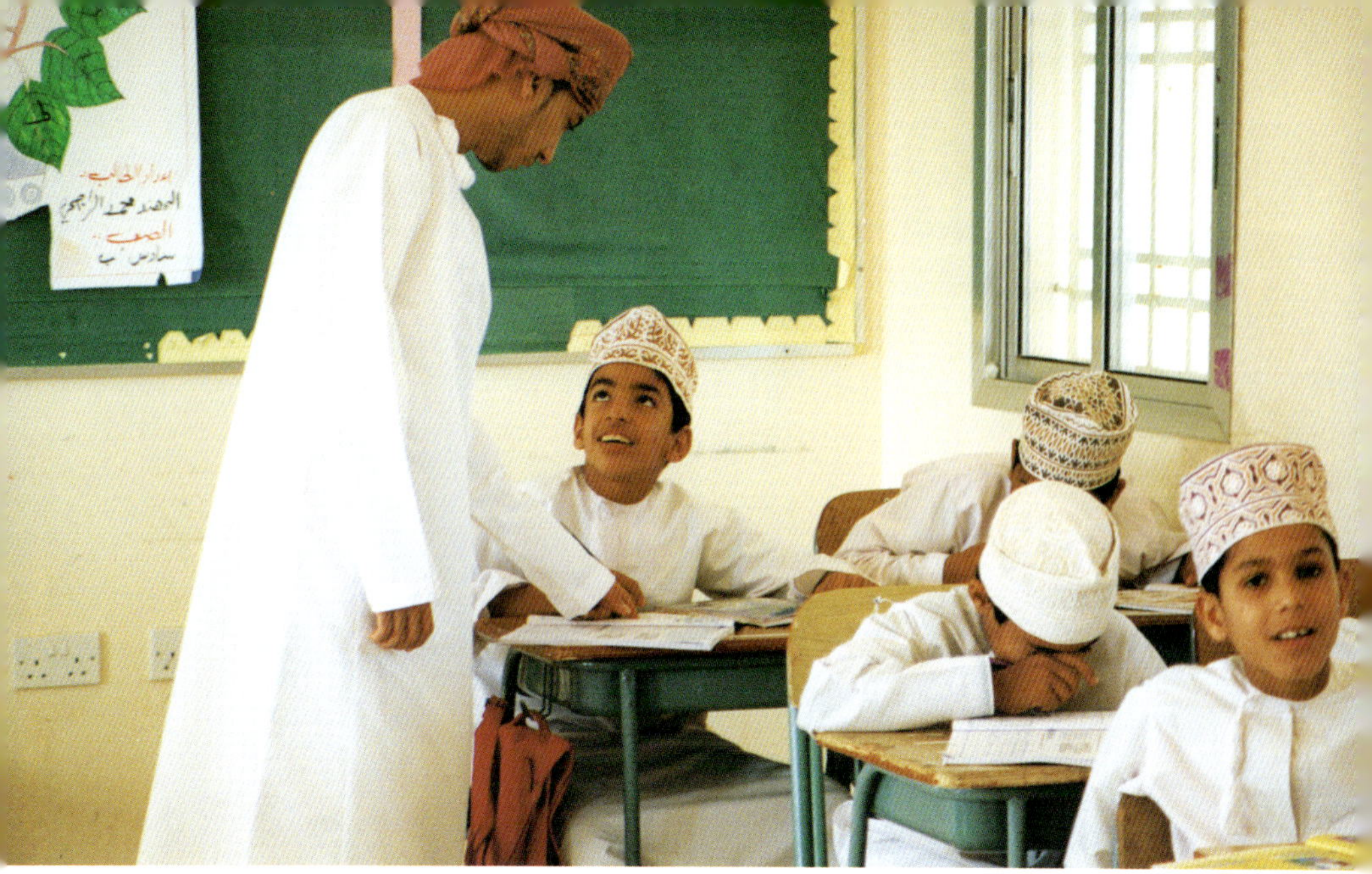

英語と新人教師／ナズワ

ン・スクールの校長先生だ。あの時、目の前の校長が話すのを聞いていると、「徳」という言葉が自然と心に浮かんだ。学識、経験、管理能力、胆力だけでは、これだけ多くの生徒をまとめ、エネルギーに変えることはできない。校長にとって一番必要なものは何か。

その校長と話している時、なぜだかわからないが十年以上前、インドのデリー郊外にある生徒三十数名の小学校で教える老校長の背中が見えた。あの時も、まっすぐなその背中に「徳」を感じた。

若い先生の声が耳に入ってくる。ああ、ここはナズワなのだ。千数百年前、ここはオマーンの首都だった。この若者は、文化の中心、学術の府ナズワの誇りを受けついでいるのだ。

アラブ首長国連邦

名ガイド・アブドゥラ君

湾岸五ヶ国の旅で最後に世話になったのは、アル・アイン、アブダビ、ドバイを案内してくれたガイドのアブドゥラ君だ。良き相棒でもある彼は二十九歳独身だ。私はたいてい一人で学校見学の交渉をするが、アル・アインの学校訪問では校長室まで彼が一緒についてきてくれた。私が校長先生と話している時、彼が白いガトラを頭に巻き白いカンドゥーラを身に着け、黙って隣に座ってくれているだけで心強い。彼は私の学校訪問の目的をよく知っているので、話しの途中、ときどき助け船を出してくれる。そんな時、ピンクの三連のブレスレットが手首で光る。

アブダビでは設立後間もない小学校を訪ねる。生徒数は少ないが、先生たちはやる気に満ちてい

長い休み時間／アル・アイン

る。女性の音楽教師は休み時間、生徒たちとかけっこだ。ガイドはいつのまにか生徒たちに交ってサッカーをしている。勢いあまって転び、ピンクのブレスレットが飛び散る。私も輪に加わった。

ドバイではイランと交易する古いダウ船を眺め、そこで働く人たちにあいさつをする。南アジア、西アジアの国々の人たちだ。

私は今日の真夜中の便で帰る。出発まで八時間もある。ガイドの好意にあまえて、彼の部屋で仮眠をとることにした。毛布を借りて床に横になる。彼は私の横に立ち、メッカに向かって祈りを始めた。隣の部屋から甲高い幼い子の声とその母親らしき声が聞こえてくる。彼は、四人の弟と、結婚して子どもが一人いる妹と一緒に住んでいると言っていたな。今日、町で清掃している労働者に喜捨をする彼の姿が目に浮かぶ。また幼い子の声が聞こえてくる。疲れがどっと出てきた。

モスク／ドバイ

カフカス山脈南麓《なんろく》とキプロス島の学校――西アジア（2）

カフカス（コーカサス）山脈の南麓にはイスラム教徒が多いアゼルバイジャンのほかにグルジアとアルメニアがあり、それぞれグルジア正教徒、アルメニア正教徒が多数を占めている。ソヴィエト連邦崩壊後、独立したのが1991年のことだったが、それぞれの国の市民はいまだに戦争状態が続いていると思っている。困難な時だからこそ、先生と生徒の結束は強い。

キプロスは、島の南部は多数のギリシャ系住民でギリシャ正教徒が多く、北部はトルコ系住民でイスラム教徒が多い。

アルメニア

校長先生からの宿題

2003年9月27日、空路でモルドバの首都キシニョフを発ち、モスクワ経由で翌28日、アルメニアの首都エレバンに着く。暑い。半袖でいい。

女性の校長先生は私の質問に答えたあと、突然こんな宿題を私に出した。

数年前、六年生を受け持つ若い先生が校長室に来てこう訴えたそうだ。

「クラスの一人の男の子がどうしても自分の言うことをきかない。両親も交えて話したが駄目だった。うまくいかない。私が学校を辞めるか、生徒に学校を辞めてもらうか、校長先生が決めてください」

あなたなら、どうしますか。校長は私にそう投げかけた。

授業見学のあと、校長は自らピアノを弾き、アルメニアに古くから伝わる民謡を生徒たちと一緒に歌ってくれた。帰り際に、「おみやげにどうぞ」と赤と白二本のワインをくださった。私が「宿題はいつまでに?」と問うとウィンクが返ってきた。

水飲み場会議／エレバン

見つかったかね、答は／エレバン

グルジア

２００３年10月2日、車でアルメニアの国境を越え、グルジアに入る。ボルニシを経て首都トビリシに着く。

ワイン片手に包丁一本

グルジアは国内にあるいくつかの自治共和国に揺さぶりをかけられている。トビリシのとある小学校を訪れる。「古い講堂は天井と壁に何ヶ所も大きな亀裂が入り、長年使用できないだけでなく危険な状態が続いている」と女性の校長先生は愚痴をこぼす。私は思わず、「国の予算がないなら、自分で企業をまわり寄付を集めたらどうか」と出しゃばった意見を言ってみたが、そんなことはとうにやっているだろう。救いは子どもたちが熱心に授業を受けていることだ。昼休み、小学六年生の男の子たちに「将来、何をしたい？」と尋ねた。ある子は、「料理人になってレストランを開きたい」またある子は、「ワイン工場で働きたい」と。ワイン片手に包丁一本で世界を歩く。すばらしい。赤や白のワインを飲みながらおいしい料理を食べられるのだから、グルジア人は幸せだ。

チェスは授業の一環／トビリシ

アゼルバイジャン

学校帰りの姉妹

バクーでの小学校訪問の帰り道、公園のベンチで休んでいると、かばんを持った少女二人が木陰から恥ずかしそうにこっちを見ている。目が似ている。姉妹だな。

「どこかで会ったかな?」私は声をかける。

「学校の階段よ。わたし、手を振ったじゃない。大勢いたけど覚えてないの?」妹が口をとんがらかして答える。

「ごめん、気がつかなくて」

「しょうがないわ。わたしのクラスには来なかったんだものね。隣のクラスの子たちがあなたの真似してたわ。こうやって――、頭を上げたり下げたりする人だって。おかしかったって」

「違う、こういうふうに――、お辞儀するんだよ」

階段での出会い/バクー

「あははは、あははは」二人は笑った。妹は声を出して笑った。

「日本ではよくお辞儀をするんだ。はじめて会った人にとか、謝る時とか」私は身振り、手振りで姉妹に日本人を表現した。

「ふーん、あなたの国って面白いことするのね。明日、私のクラスでもみんな真似するわよ。だっておかしいんだもん」

「これからどうするの？」

姉さんの写真もとってください／バクー

「この公園を通り抜けて家に帰ります」はじめて姉がていねいに答えた。

「さようなら」

そう言うと、二人は小さく手を振り、寄り添って歩き出した。

今日は、ありがとう」

私は後ろ姿に声を出し頭を下げた。二人が同時に振り返った。

キプロス

自分たちの手で料理を

2002年4月、地中海の東に位置する島国キプロスを旅する。ラルナカの学校を訪問し、車でレメソスに向かった。

右手には小高い丘にあるアマサスの古代遺跡、左は地中海。その間を走る大通りから脇道にそれると小学校があった。どこが校舎の入口かと探していると年輩の女性に出会った。先生だった。「今日は校長先生は休みだけど、私の六年生の料理のクラスに来たらどうか」と誘ってくれる。黒っぽい地味な服装だが、人を包み込むような温かさがある。貫禄がある。私にあれこれ聞かず、私もあれこれ聞かずに教室に入った。と同時に、おいしそうな匂いが鼻に、生徒たちの振り返る姿が目に入った。

首からエプロンを掛けた男の子が三人、女の子が五人いる。エプロン姿、なかなかいい。女の子たちは鳥と野菜のスープをつくっている。いい匂いだ。男の子たちは野菜サラダらしきものに挑んでいる。よく見ると、こねまわしてグチャグチャになっている。先生は男の子たちの目の前で、サラダのつくり方を一から教える。

生徒たちは頭ではわかっていても、手がうまく動かない。先生は次に、こねまわしてグチャグチャになった野菜の残りに細かく切ったハムを入れ、サンドイッチをつくった。男の子たちは、小さな歓声をあげた。「何でも捨てちゃ駄目よ。食べられるのだから。盛りつけも大切よ。ほら、よーく見て。食べたいという気持ちにさせないと」

次に、先生はスープの味見をした。二度うなずくと、女の子たちは満足そうに笑って、男の子たちをちらっと見た。テーブルにサラダとサンドイッチとスープが並んだ。「さあ、みんなで食べましょう。お客さんもどうぞ」エプロン姿が、いちどに私を見た。

サンドイッチづくり／レメソス

調理実習よりフォークダンスが好き／レメソス

近くて遠い国々の子どもたちの登下校——東・中央アジア

上級生から下級生へ

肌寒さがまだ残る５月の朝、ひょろりと背の高い赤松林の中の鋪装された坂道を、ひと塊になって小学生たちが下りてくる。カバンを背負い黄色い帽子を被った四人。五、六年生ぐらいの女の子を先頭に、あとは小さい子どもたちが道の右側を歩く。車は通らない。私は子どもたちとは反対側を登っていた。年長の女の子は私と目が合うと、立ち止まって「おはようございます」とていねいに声をかけてきた。私はあわてて「おはよう」とあいさつを返したが、これではいけないと思い腰をかがめて小さい子どもたちに向かってもう一度、「おはようございます」と少し大きな声をかけた。女の子一人からははっきりあいさつが返ってきたが、男の子二人は口の動きだけの「おはよう」で言葉にならない。恐いものに出会ったような顔つきだ。年長の子が二人の背中を軽くたたいてあいさつを促すと、「おはよーございます」と恐る恐るだがはっきりとあいさつができた。年長の子は私に軽く頭を下げ、学校に向かった。

見上げると、雪を残した八ヶ岳の稜線《りょうせん》がほんの少しだが松林の間の青空にくっきりと浮かび上がる。振り返って坂道を下る後ろ姿を見ていると、急に四人が振り向いた。そこには年長の子に守られ安心しきった三人の顔がある。私は思いっきり手を振った。この子たちとは今日このあと学校で会うだろう。どんな顔を見せるかな。

１９９６年11月、中国訪問。上海《シャンハイ》、武漢《ウーハン》、巫山《ウーシャン》、宜昌《イーチャン》、漢口《ハンコウ》、西安《シーアン》、北京《ペキン》、長春《チャンチュン》、哈爾浜《ハルビン》を旅する。長江の三峡ダム工事がはじまっていた。１９９９年５・６月、モンゴル訪問。ウランバートルの学校のほか、トウブ県、ボルガン県、ウブルハンガイ県の学校を見学する。２００２年３月、韓国訪問。ソウルとチョナンの学校を訪ねる。２００５年２月～11月、日本の鹿児島県と山梨県を旅し、公立学校の子どもたちと遊ぶ。２０１１年５・６月と、２０１２年１・４・12月、岩手県、宮城県、福島県の学校を訪ねる。

習字も絵もうまいのよ／山梨（日本）

モンゴル

モンゴルの首都ウランバートルでは、馬で学校に来る子はほとんどいない。しかし郊外に出ると、まだ伝統的なゲルに住み、馬で通学する子がいる。男の子だけでなく、女の子もいる。乗ってきた馬は学校に預けるか、ネムヘ君のように学校近くの親類の家で世話してもらう。

愛馬にまたがって

末っ子のネムヘは十二歳
馬が好きだ
大草原を一直線に
ゲルから村の学校へ愛馬で通う
ネムヘは学校の人気者だ
今日は女の子と縄跳び
男の子とバレーボール
忙しいけど　いつも笑顔
ネムヘは　守護神《ゴールキーパー》だ

教室の後ろでみんなを見守る
先生が休みのときはクラスを束ねる
下校も愛馬だ
弟分のいとこが馬であとを追う
羊の群れに出会えば
手綱《たづな》をゆるめ羊たちにあいさつし
水溜《みずたま》りを見つければ
馬に水を飲ませる
何もない草原の先に
車のヘッドライトが見え隠れする
ネムへのゲルはそのあたりだ
急げ
愛馬にまたがって帰る姿は
凛々《りり》しい

愛馬で下校

中国

朝の腹ごしらえ

ズール　ズ　ズ
両親？　働きに出かけたよ
朝はしっかり食べなきゃ
これからいっぱい勉強するんだから
腹が減っては戦《いくさ》はできぬ、なんてね
ズール　ズ　ズ
おじいちゃんおばあちゃんは人に会うと
おなかいっぱい食べた《ニーチーバオラマ》？
なんてあいさつしてる
急がなくちゃ
おばさんお金おいとくよ
ズール　ズ　ズ
ズール　ズズズ——

日本人？　いっしょに食べよう／西安

登校は肩を組んで／武漢

韓国

帰り道の楽しみ

学校帰り　口にちょっと甘い物
これがたまらなくいい
一日《いちにち》の頭の疲れが取れる
とろける甘さはいやなことを忘れさせる
おっと、横断歩道だ
確かこれにはビタミンXYZが入っている
あっ、もうすぐ家だ
ええい、飲み込んじゃえ
「ただいま！」

あっかんべえ／ソウル

1인→3,000원
골뱅이
城
713-0033
30년전통
문호네 회집
701-9046
공덕시장내
명지네식당
청도식당
719-9740
703-7817
분식점
대광식품
시장입구
김밥 오뎅 국수
음료수 맥주

帰り道の楽しみ／ソウル

日本

津波よ、幼い命は奪わないで！

２０１１年3月11日午後2時46分、日本の東北の三陸地方は激しく大地が揺れた。とある海岸からなだらかに登ったところにある小学校の三階建校舎も揺れてきしむ。「大津波が来る」と六年生のその少年は感じた。揺れが治まると、先生たちは走りまわり校庭に全校生徒男女百八十名を集める。地震発生から五分経っていた。少年は防潮堤の先にある海を見る。地平線はいつもと変わらず穏やかだ。保育園の子どもたちの黄色い帽子がよちよちとこちらの小学校目ざしてやって来るのが目に入る。避難を始めているのだ。

五、六年生は目の前にいる一、二年生の手を引きながら、裏山の坂道を小走りに登り始める。時おり先生の「走れ、逃げろ！」の叫び声が聞こえる以外は全員無言だ。目標の高台が見えてくる。先頭を行くその少年は急にくるっと振り返る。長い長い避難梯子《ばしご》のように揺れる列の最後尾で、黄色い帽子が保育士たちの手を借りながら登りつづけている。少年はゆっくりと首をあげ、ちらっと海を見る。と突然列から離れ、何か呟《つぶや》きながらいま登ってきた道を一気に駆け下り海岸の防潮堤の上に立ち、海をにらむ。

キラキラ光っていたうねりはその濃緑褐色《のうりょくかっしょく》を若布《わかめ》のように装い、忍び足で押し寄せる。

少年は左の拳を前方高く突き出し、声を振り絞って叫んだ。

「津波よ、幼い命は奪わないで!」少年は、轟音《ごうおん》を鳴り響かせ怒り狂って眼前に迫ってくる津波の、どす黒い底が見える大きな口めがけて飛び込んだ。

大津波は退却した。保育園は流されたが、黄色い帽子の園児全員と小学生百七十九名は、浸水の被害が少なかった三階の教室で、保育士と先生たちに囲まれて夜を迎えることができた。六年生たちは、星と月が照らし出す光景を見下ろしている――校庭から海岸につづく瓦礫《がれき》の山、破壊されごろんと横になった防潮堤のコンクリートの塊、その先の静かな海。流れ星が幕を下ろすように夜空を横切る。

ぼそっとある男の子が言った。

「あいつ、校庭で整列している時、よくわけもなく列を離れて走り出したよな。小さいころだったけど」

「高い防潮堤の前で先生に捕まっていたな」

鎮魂の剣舞《けんばい》

大地震と巨大津波で瓦礫が残り、岩手県釜石《かまいし》市の外れにある唐丹《とうに》を南へ下る。左に海岸を見ながら坂道を登り鍬台《すきだい》トンネルを抜けると急に明るくなり、風に乗って笛や太鼓の音といっしょに子どもたちの掛け声が聞こえてくる。声を訪ねて脇道を入ると、「なーむあーみ、だーんぶーつー…」と張りのある小節《こぶし》がきいた大人の声が混じる。さらに進むと眼下に吉浜湾がある。その先は太平洋だ。この辺りには瓦礫も泥水《でいすい》もなく、大気は新鮮で味がある。高台なので津波の被害はなかったのだ。

小学校が見える。声の主はここだ。校門から中をのぞくと、校庭で黒装束《くろしょうぞく》の老人が剣を自在に使い軽やかに舞う。その老人を囲んで輪をつくり、三十名ばかりの小学生男女が腰あてをつけ長刀《なぎなた》を持ち、踊っている。剣の舞いだ。三、四名の先生らしき人が輪の外で踊りを見守る。左手の校舎の前では、六名が笛を吹き、二基の太鼓を四名がたたく。

老人の唱《うた》に合わせて、男女の生徒が激しく一心不乱に長刀で舞う。拍子は急だ。

はいなーむあーみ　だーんーぶーつ――
なーあーむーあーみ　んぶーつ
だーあんぶーつー　なーむーあーみー

校庭の剣舞《けんばい》／岩手

いいだーあれはどんと　どーんとそこだー
さんさんさーのどーのさん
へえやー　はあー―あーあー
はあー―あいあーさあーひーのー
へえやー―長ー者のー　一人姫　よーほほえ

これは鎮魂の唱だ。念仏の剣の舞いだ。死者の魂をなぐさめしずめるために、笛や太鼓で囃《はや》し唱って舞う。子どもたちは吉浜湾に向かって死者の魂をなぐさめ、天に向かって死者の魂をしずめる。仏《ほとけ》の慈悲を讃え、現世の栄枯盛衰と人の世の無常を唱い踊る。踊りのテンポがさらに速くなる。

これは大船渡市《おおふなとし》の北端、吉浜に受けつがれてきた剣舞だ。初盆を迎えた家をまわり、子どもたちが踊るのだ。新仏《あらぼとけ》のある家は、子どもたちが家の前で囃し唱い舞ってくれるのを心待ちにしている。

イスラム教徒が多い多民族国家――中央アジア

一九九一年12月、ソヴィエト連邦解体後、中央アジアには五つの独立国（ウズベキスタン、カザフスタン、キルギス、タジキスタン、トルクメニスタン）が生まれた。イスラム教徒の多い国々だ。また、ロシア系住民が数パーセントから数十パーセントを占める。どの国も識字率《しきじりつ》は高く、学校は男女共学だ。

一九九九年9月、ウズベキスタン、カザフスタン、キルギス訪問。同年8月にはキルギスで武装勢力による日本人拉致《らち》事件が起きている。

二〇〇〇年9月、ウズベキスタン再訪。ウズベキスタンは総人口の約80パーセントがウズベク系住民、5〜6パーセントがロシア系住民、その他タジク系、カザフ系住民を含む多民族国家だ。宗教的にはイスラム教が90パーセント以上を占め、その他ロシア正教などがある。

首都タシケント、サマルカンド、ブハラの小学校・中学校・高等学校を訪ねる。一クラスの中に、ウズベク人を中心に多民族の子どもたちが一緒に机を並べている。わずかだが、生徒のほとんどがロシア人の学校もある。生徒たちは集団で祈ることはない。教室の壁面も自由に使われている。イスラムの教えがどこにあるのか、目に見えにくい。

独立後まもないが、どの学校も校長先生が中心になって独自色を出そうとしている。タシケントのある教室を訪ねると、二十名ぐらいの生徒が韓国語を学んでいる。この小学校では生徒たちが外国語を選択でき、英語、ロシア語などのクラスもある。先生さえいれば日本語も教えたいとのことだ。語学で特色を出したいのだ。実績が上がらなくてすぐに辞めさせられる校長もいれば、四十代なのにすでに十年以上も校長を続けている人物もいる。校長は『コーラン』を念頭におき魅力ある学校をつくり、広い分野で人材を育てることに情熱を注いでいる。

二〇〇三年12月、タジキスタン、二〇〇四年4月、トルクメニスタン訪問。

窓と好奇心／タシケント（ウズベキスタン）

大木に触れ大地をつかむ大きな手――東南アジア

旅は一人旅

旅はいつも一人旅。

朝早く、誰もいない学校に着く。たいていは公立だ。学校をひとまわりする。出会った地元の人とあいさつをかわす。ほっとする。木木に手を触れ、耳を当て、草花を見て、この土地のこの学校の空気を肌で感じる。からっと乾いた空気、湿った空気、砂まじりの空気、塩気を含んだ空気。さまざまな空気に風が流れ込み、子どもたちがその空気をかきまわす。ここは伝統が受けつがれる現場だ。歴史が刻まれる聖域だ。

学校の前に立つといつも不安だ。それは、どの学校も事前に訪問の連絡をしていないので学校見学が許されるかどうかという不安だ。子どもたちがちらほらと来はじめる。私が手をあげあいさつすると、あいさつが返ってくる。そっけなく、はにかみながら、眠そうに、不思議そうに、驚いて、いやいやながら、兄のうしろにかくれながら、仕方なしに。私の不安はなくなる。校長先生に訪問の目的を話す。先生と生徒がどのようにして信頼関係をつくり上げていくのか、その現場を見たい。日本の小学校の教育事情を話すこともある。校長は驚き、うなずき、私に疑問をぶつける。

1997年2月から1998年11月にかけて、九回にわたって東南アジアを旅した。訪問した国は、カンボジア、タイ、ミャンマー、ベトナム、ラオス、マレーシア、フィリピン、ブルネイ・ダルサラーム、インドネシア、シンガポールの十ヶ国だ。その後、2004年6月、独立後の東ティモールを訪れる。

東南アジアを宗教の面でみると、仏教徒の多い国（タイ、カンボジア各80パーセント以上、ミャンマー、ラオス各60パーセント以上、シンガポール40パーセント以上）、キリスト教徒が90パーセント以上の国（フィリピン、東ティモール）、イスラム教徒の多い国（マレーシア、ブルネイ・ダルサラーム、インドネシア）、それに仏教、儒教、道教、キリスト教などさまざまな宗教をもつベトナムに分かれる。

仲良し三人／クアラ・ルンプール（マレーシア）

掃除と仏教の精神

東南アジア十一ヶ国の学校を訪問してまず気がつくことは、日本と同じように、放課後に生徒自身が箒《ほうき》を持って掃除をすることだ。これは、仏教の精神が、東南アジアの生活の一部に、あるいは隅々にまで入り込んでいるからだ。仏教にはたくさんの宗派があるが、僧侶の勤めが一に掃除、二に勤行《ごんぎょう》、三に学問であることは共通している。住職自らがトイレ掃除をする寺もある。

掃除道具は、学校備え付けの場合と生徒自身が家から持参する場合がある。カンボジアのある小学校では、各自の持参する小枝を束ねて木の柄をつけた箒は、掃除のためだけに使うのではない。学校前の信号のない大通りを集団下校する際にも、この箒は役に立つのだ。上級生たちは横断する下級生たちのために車道に人間の垣根をつくり箒を高く掲げ、トラック、自動車、オートバイ、自転車を一時ストップさせる。生徒たちは安全に垣根の後ろを横断することができる。箒は信号機だ。

掃除は衛生上で必要なだけではなく、生徒同士、先生と生徒のコミュニケーションの場を与えてくれるものとしても重要だ。

中央アジア、西アジア、ブータンとスリランカを除く南アジア、それにヨーロッパや北アフリカでは、生徒たちが教室や廊下、校庭を掃除する習慣を、私が旅して見た限りでは持っていない。

気がつくことはもう一つある。それは朝礼だ。朝日の当たる校庭で両手を胸の前で合わせ、朝礼を祈りから始める、タイのような仏教徒が多い国。また、ある子はおなかの前で両手を組んで、ある子は胸の前で両手を合わせて祈る、フィリピンのようなキリスト教徒が多い国。彼らの国にもまた、朝礼があるのだ。子どもたちの感謝の祈りは無言でまっすぐだ。脇見をしたり話したりする子は少ない。毎日、目を閉じ、ほんのわずかな時間だが無私の自分がそこにいる。マレーシアのようにイスラム教徒が多い国でも朝礼はある。ベトナムのハノイで、生徒が千名近くいる小学校の朝礼の終わりは、男女がいっしょに踊るダンスだった。

大自然の懐《ふところ》で、学校の一日は朝礼で始まり、掃除で終わる。

精神の統一／アユタヤ(タイ)

ラオス

手の鳴る方へ

「鬼さんこちら　手の鳴る方へ」

いっしょに遊ぼうよ、と遠くから手の鳴る音が聞こえる。それでは、と私は急ぎ何も持たずに旅に出た。一人で出かけた。行き先は手の鳴る方だ。１９９７年のことだ。そこで不思議な体験をした。

ラオスの首都ビエンチャンの町から遠く離れた、まわりには何もない畑の中の一本の長い農道を歩く。村の小学校を訪ねるためだ。「この道は日が暮れると危険だから、帰ってくる時は明るいうちに」と地元の人にきつく言われた。私は午前中、小学校を見学し、子どもたちの輪の中に入っていっしょに勉強し、歌い、踊り、遊んだ。午後は子どもたちと、刈り入れのすんだ田んぼに出かけた。水牛を囃し立てては遊ぶ子、棒を持ちかけずりまわる子、男の子も女の子も遊びに夢中だ。遊び疲れなんてものはないが、日が傾きはじめると小さい三人の子が水牛の背に乗り、大きな子たちがあとに従う。家路につく。私は子どもたちに、一日遊んでくれたことに感謝し、さよならを言って農道に戻った。

校庭の花に水をやる／ビエンチャン郊外

農道を歩きはじめると
耳もとにかすかな震動がある
震動は音になりゆるやかに流れる
何だろう
鳥のさえずりか、お経か、神の呟《つぶや》きか
私が歩くとあなたが寄り添う
私が止まるとあなたもぴたりと止まる
あなたは誰か
音の影か
私が歩くとあなたが寄り添う
この伸びやかな高い音の連続はどこからくるのか
私は来た道を振り返る
一瞬遠くで笑い声が聞こえる
そうか　いま遊んだ子どもたちの魂のコーラスだ
この危険な道を通り過ぎるまで
私を守ってくれるのか

真実は歩いて自分で探せ、手の鳴る方へ、ということだ。地元の声をよく聞き、それを守れ。それでも困ったことがあったら、魂のコーラスが私に寄り添ってくれる。

思い思いの昼休み／ビエンチャン郊外

カンボジア

クメールの落差

大自然そのものが校庭で、その大自然の懐に抱かれるように校舎がある——これがカンボジアの学校だ。首都プノンペンの町中にある塀に囲まれたチャトモ・スクールでさえ、校庭の木々は遊ぶ子どもたちに日陰をつくり、二股の大きな木はここに座りなさいと子どもたちを誘う。学校を出ると駄菓子を売る店やキャンディを売る自転車が、子どもたちを待っている。その先は左も右も緑の並木道だ。ブーゲンビリアの紫の花が咲く。

仏塔《パゴダ》の近くで小学生がゴム草履を投げて遊んでいるのが目に入る。上半身裸で短パンをはき、目いっぱい走り、友だちと体をぶつけるように遊ぶ。何に向かって叫んでいるのか。遊びの小道具は、先が二股の長い棒、小枝、ゴム草履、ゴムひもを張ったパチンコなど。ちゃんとしたサッカーボールはない。ゴム草履がボールがわりだ。

子どもたちと別れ、車で一本道を行く。プレタメイワの船着き場で車を渡し船《フェリー》にのせ、メコン川を渡る。五分ほどで対岸に着く。メコン川を川沿いに進む。道路端で売っている水瓜《すいか》を買い、地べたに座って食べる。うまい。脇道を入る。あっ、あれは、小学校だ。吹き抜けの教室だ。四隅を柱で支えられた屋根はあるが、四方八方どこからでも風が通り抜ける。窓もなければドアもない。屋根の下に子どもたちが木の椅子に四人掛けで座り、その先に黒板がある。その前で赤ん坊を片手で抱いているのは先生だ。もう一方の手に小枝を持つ。その小枝の先で指しているのはクメール語だ。カンボジアの母国語だ。先生が小枝で文字を指し、ひと声「オークン・チュラン（ありがとう）」生徒がいっせいにくり返す。先生が、また一声「チョモリアプ・リーア（さようなら）」生徒があとを追う。くり返す声の先には緑の草、その先には晴れ渡った空がある。ここは、仏《ほとけ》の庭だ。

仏塔《パゴダ》の少年たちの、天を突き抜ける止めようもないあの瞬発力と、お経を唱えるようにリズミカルなこの平衡感覚、この二つを持っているのがカンボジア人だ。この落差がカンボジアだ。

小枝で指して読む／プノンペン郊外

ミャンマー

一丁前《いっちょまえ》になるには

朝、学校に出かける前は忙しい。まずお母さんに樹液でできた日焼け止めクリームを顔に塗ってもらう。頬っぺたが白くなる。ビルマでは子どもたちのエチケット。こんどは肩から下げる布製のシャンバッグにどっと教科書を詰め込む。必要な本がない。どこにやった？ 前の日に準備しておけばいいのに、それができない。あった、あった。ここまでは昨日までと同じだ。今日から短パンにかわって巻きスカート《ロンジー》だ。布の端をたくし込んで腰の前で留める。ためしに歩いてみると、すぐ解《ほど》ける。何度やってもうまくいかない。お母さんが手伝ってくれる。鏡を見る。胸をそらす。うーん、いい男だ。一丁前のビルマ人だ。さあ、出かけるぞ。

キュッキュと腰を捻《ひね》る／ヤンゴン郊外

不思議な体験

車に乗って首都ヤンゴンからシリアムに向かう途中のことだ。誰もいない広い道路の脇を、シャンバッグを肩から下げた十一、二歳の少女二人がこちらに向かって歩いてくる。私たちの車とゆっくりすれ違う。私はすぐ振り返るが、二人はいない。あわてて運転手に車を止めさせ、あたりを見渡し探すがいない。

どこに消えたのか。道の両脇は家も商店もなく、隠れるようなところはどこにもない。低い草の歩道が続き、ゆらめく仏塔《パゴダ》が遠くに見えるだけだ。私はしばらくそこに立ちつくした。近くで手を鳴らす音があった。振り返ると、片足の少年が笑顔で立っている。これは象徴詩だ。子どもたちが、私を詩の世界に引っ張り込む。

托鉢《たくはつ》は三人で／ヤンゴン

タイ

祈りから始まる

バンコクの、とある大きな寺院《ワット》に入る。本堂の前を通り過ぎ立ち並ぶ小さな塔やお堂の前を通り抜けると、突き当たりに小学校が見える。タイには寺院《ワット》の中に学校があるところもある。朝礼が始まろうとしている。平屋の校舎を背に並ぶ子どもたち。その前に立つ先生たち。女性の校長先生の合図で祈りが始まる。生徒たちは、目を閉じ、頭をほんの少し下げ、両手を胸の前で合わせる。無言だ。男の子たちの刈り上げ頭に、女の子たちのおかっぱ頭に朝日が当たる。感謝の祈りがつづく。仏《ほとけ》が宿るときだ。校長のひと声で祈りが終わる。眠そうな瞳が澄んだ瞳になっている。

それぞれの祈り／アユタヤ

わたしの音色／アユタヤ

ベトナム

野外劇場

落ち葉が金色に転がる校庭
ホップ　ホップ　ホップ
腰に両手をあて両足で跳《と》ぶ
ホップ　ホップ　ホップ
四、五歳クラスが三組に分かれて競走だ
腰の手を気にすると　足が動かない
速く、速く！　高く、高く！
後ろで友だちが囃す
足を気にすると　手がお留守
腰だ！　腰だ！　短パンがずり落ちる！
後ろで世話焼く
転んでもいい
そこからやり直せばいいんだ
高く跳べ！

落ち葉が舞う野外劇場／ハノイ

ハノイの大地を思いっきり蹴って高く跳べ！
ホップ　ホップ　ホップ

座るでもなく立つでもなく／ホーチミン

シンガポール

1998年9月、シンガポールを訪ねる。

訪れた東南アジア諸国の中で、この国が最後の訪問国になったのには理由があった。はっきり言えば、シンガポールでは、突然学校を訪問しても見学を断わられると思っていたからだ。日本の学校を考えてみればよくわかる。ある日、外国人が突然やって来て学校を見せてくださいと言っても、事前の許可がなければ見せないだろう。シンガポールも日本と同じではないかと漠然と考えていた。それでも、到着してすぐシンガポール教育局に出向き、学校訪問の目的を話したが、見学許可は下《お》りなかった。あたり前だ。下りる訳がない。そこで、直接学校をまわり校長先生に会い、学校参観の許可を求めたが、やはり駄目だった。ただ、どこの学校の校長も、「自分は学校を見せることは構わないが、当局の許可を得てください」と言う。私は、この数校の校長の返事を持って、また夕方当局と掛け合う。見学の許可が下りた。

努力次第

「先生、ぼくたち特別に選ばれたんでしょ。どうして?」

「頭の良い子ばかり集めたわけでもないよね?」

「何で、校庭で運動するの?」

生徒たちから矢継ぎ早に質問がとぶ。先生は、それをしっかり受けとめ、「何で特別なのか、何でバスケットなのか、お互いによく見てね。みんなにとって、毎日の軽い運動が体にいいの。わかるでしょ。さあ、三ヶ月のスリム・プログラム、始めるわよ」

バスケットの特訓／シンガポール

フィリピン

リカルド君の四つの顔

荷台を改造し幌《ほろ》をつけた小型トラック・ジプニーが、学校帰りの子どもたちを乗せてやってくる。幌の中に四、五人、外に二人。私が「さよなら」と手を振ると、笑顔であいさつが返ってくる。ジプニーはゆっくり私の前を通り過ぎる。振り返ると、うしろに五人も乗っている。私はあわてて手を振る。幌の上に男の子二人、横に座る女の子二人。あっ、幌の横の取っ手をつかみ、こぼれ落ちそうな姿勢で手を振っているのは、あの子だ。リカルドだ。こぼれ落ちそうな笑顔が遠ざかっていく。

首都マニラから遠く離れたプリラン・ブラカンの村の学校を訪ねる。その子には、その学校で二度会った。はじめは朝礼で。おなかの前で両手を組み、目を閉じ、何か頼みごとをするような顔で祈っていた。

二度目は教室で。一番後ろで授業参観をしていた私に振り返って、何度か合図を送ってきた。いたずらっぽい笑顔だった。先生が何度か名前を呼んだ。「リカルド!」

ジプニーと別れて遅い昼食をとったあと、学校からさほど遠くない穀倉地帯を歩く。夕靄《ゆうもや》の中に脱穀を終えた稲穂を焼く赤い炎が、白煙の中で輝いている。あっちに二つ、こっちに一つ。三つ、炎が見える。また歩く。男たちが道端で籾殻《もみがら》を取り去った玄米を袋に詰め、トラックに運ん

幸せを運ぶジプニー／プリラン・ブラカン

でいる。そのトラックの積荷の上で、青いTシャツの少年がこちらに手を振っている。どこかで会ったな。またあの子だ！　リカルドだ！　自信に満ちた笑顔だ。一人前の仕事をする男として、頼りにされている顔だ。言葉が出なかった。私はしばらくその働く姿をじっと見ていた。

東ティモール

2002年5月、東ティモールは、二十一世紀になって初めての独立国となった。独立の二年後、首都ディリから三方約60キロまでの学校を訪ねる。内戦の傷跡は、外からはほとんど見えない。国際協力で整備された幹線道路以外は、道は良くない。地方のどこに行くにも、車の振動が腹を傷めつける。宿泊は民家の世話になる。建設中の電気のない建物の中で泊まることもある。

楽園を行く

とある村の小学校を訪れる。校舎は少し高いところにあり、平家で木造だ。下を見ると、長方形に切り取ったような広い校庭で、短パン、白シャツ姿の子どもたちがサッカーボールを蹴っている。一つのボールに全員が踊り動く。それはまるで額縁の絵が、そこに収まりきれず縁《ふち》をボールで叩いて別世界に行きたいと主張しているようだ。校長先生の大きな声で、子どもたちはこんどは本当に額縁を飛び出しこちらの校舎めがけて一気にかけ登ってきた。

授業が終わり、校長と私は起伏のある農道を歩く。道の両側は稲穂をつけた畑だ。先を見ると十二、三歳ぐらいの女の子たちが三、四名、農作業をしている。校長が声をかけると返事がある。生徒たちなのだ。ひもを一方の肩からたすき掛けにして、その先を腰あたりで網目のある大きな籠《かご》に結んでいる。への字型の木の柄《え》が付いた短いナイフのような小鎌を手に持ち、陸稲《おかぼ》を刈り、籠に入れる。「ここにある大きな籠を背負《しょ》うことはありますか」と私が一人の女の子に聞くと、「あります」と笑う。すると、急にその子はもう一人の女の子に手伝ってもらい、まだ半分ぐらいしか入っていない籠を背負って見せてくれた。緑の中で地に裸足で立つ姿は、初々しく頼もしい。アジアの東の果ての楽園だ。

小鎌と稲穂と笑顔／ディリから 50 キロ

マレーシア

六年生の表彰台

少年たちに出会ったのは、クアラ・ルンプールの小学校の廊下だった。腕を思いっきり上に伸ばし、手のひらで大きな台を支え運んでいる。

「今日は何かあるの？」私が呼び止める。

「運動会だよ。六年生全員が参加するんだ」弾む声で。

「個人の競走とクラス対抗のリレーがあります」楽しそうに。

「それ、何なの？」支える台を指して私が聞くと、

「表彰台です」はきはきと。

「見にきてください。自分たちでつくった衣装を着て応援するんです」さわやかだ。

「必ず見に行くよ」

シナリオのないドラマが始まる校庭に、それぞれの思いで台を運ぶ。

〈あの子がこの表彰台に乗ってほしいな〉

〈今日は応援団長だ。どうやってクラスを盛りあげようかな〉

〈足が遅いからな、ぼくは。一度でいいからこの台に乗りたいよ〉

〈今日は何も考えずに走ろう〉

私は後ろ姿に向かって叫んだ。

「その表彰台に上がるのは君たちだよ！」

駆ける十二歳

なぜ私は速く走りたいの
走る前のこの焦燥《しょうそう》
胸騒ぎはどうして
私は燃えたいから走る

燃える十二歳／クアラ・ルンプール

ブルネイ・ダルサラーム

はじめて話す外国人

背後でクスクス笑っている。振り返るが誰もいない。気のせいかな。また笑っている。一人…二人…三人だ。

校庭、おしゃべり、外階段、小学校……まだわたしたちがわかりませんか。モスクのある国、六年生、ブルネイ川、花嫁……わかりましたね。

放課後、掃除が終わっておしゃべりをしている時、あなたは広い校庭を横切り校舎に続く何段もの外階段を駆け上がってきて、わたしたち三人に話しかけてきました。

「校長先生はいますか」

びっくりしました。わたしたちは外国人と話すのは、はじめてだったので、思うように言葉が出

まなざしのかなたに／バンダル・スリ・ベガワン

てきません。校長先生は帰られたあとでしたね。覚えていますか。そのあと階段で少し話しましたね。わたしたちが尋ねることができたのは、三つだけでした。

「どこから来たのですか」

「何でこの学校に来たのですか」

「ブルネイは好きですか」

あなたが帰られたあと、わたしたちは思い出し笑いをしました。だってあなたがこちらに向かってくる時の格好がとてもおかしかったので。すみません。急いでいるのにヨタヨタして、倒れそうで倒れない。不思議な生き物を見ているようで。あなたは日本から、わたしたちの学校に写真と詩を送ってくださいましたね。

種も仕掛けもない／バンダル・スリ・ベガワン

わたしたちは、学校に舟で行くこともありましたが、まだ花嫁になってはいません。あれから十年経ちますが——。わたしたちは別々の道に進みましたが、今日久しぶりに会いました。どこだと思いますか？　そうです。あの母校の外階段の上です。会って目が会うと二人で笑いました。あの光景を思い出して。すみません。いまはあの時のように、体を揺すって声を出して笑うことはありませんが。これから積もり積もった話をします。話す内容は秘密です。

いま、どこを歩いていますか。あの時はインドネシアの山火事が数週間続き、空は一面灰色でしたね。今日はモスクが雲一つない青空に輝き、母校では午後の宗教の授業が始まっています。とてものどかです。またブルネイに来てください。

ボートで登校／バンダル・スリ・ベガワン

インドネシア

掃除の楽しさ

「楽しそうだね。掃除は好き？」

放課後、教室の入口を箒で掃除している四年生の女の子たちに話しかける。二人には午前中の授業で会っていた。

「大好きです。授業は終わっているし、友だちと何でも話せるから」

「わたしも好き。みんな掃除のやり方が違っていて面白い。わたしはサッと早くやるの。ゴミが残っている、と先生に注意されることがあるけど。イナは隅々までていねいにする。二人でやると丁度いい」

「わたしは廊下に出ているものを片付けてから掃除するので、時間がかかります。のんびり屋だから。のんびりすぎて、先生に早くして、と言われます」

「掃除するって、道草するみたいだね」

私は謎めいたことを言うと、二人は、どうして？　という顔をした。

遠くに先生の顔が見える。ゆっくり、こちらにやってくる。二人は顔を見合わせた。

お掃除は日課／ジャカルタ

太陽を浴び校庭の黒板に向ける眼差し《まなざ》——南アジア

「踊り」が学校生活のリズムをつくる

インド、ネパール、ブータン、スリランカ四ヶ国の学校で共通するものはあるのか。ある。それは踊りだ。学芸会、歓迎会、学校祭など、行事があると必ずといっていいほど踊りの場面が入る。小学生から高校生まで、きらびやかな衣装をゆったりと身に付け、顔のメーキャップ（化粧）は濃い。生徒が先生にメーキャップを施されるときの表情は、真剣で生き生きとしている。イスラム教徒の多いほかの三ヶ国の学校で、踊りの場面に出会ったことは少ない。

南アジアを宗教の面でみると、ヒンドゥー教徒の多い国（インド、ネパール）、仏教徒の多い国（ブータン、スリランカ）、イスラム教徒の多い国（パキスタン、バングラデシュ、モルディブ）に分けられる。

インド、スリランカ、パキスタンなどの国では、冬の晴れた日はしばしば屋外で授業をする。生徒たちは校庭に黒板を持ち出し、時には地面に、時には椅子に座り、陽を浴びながら先生の話に耳を傾ける。

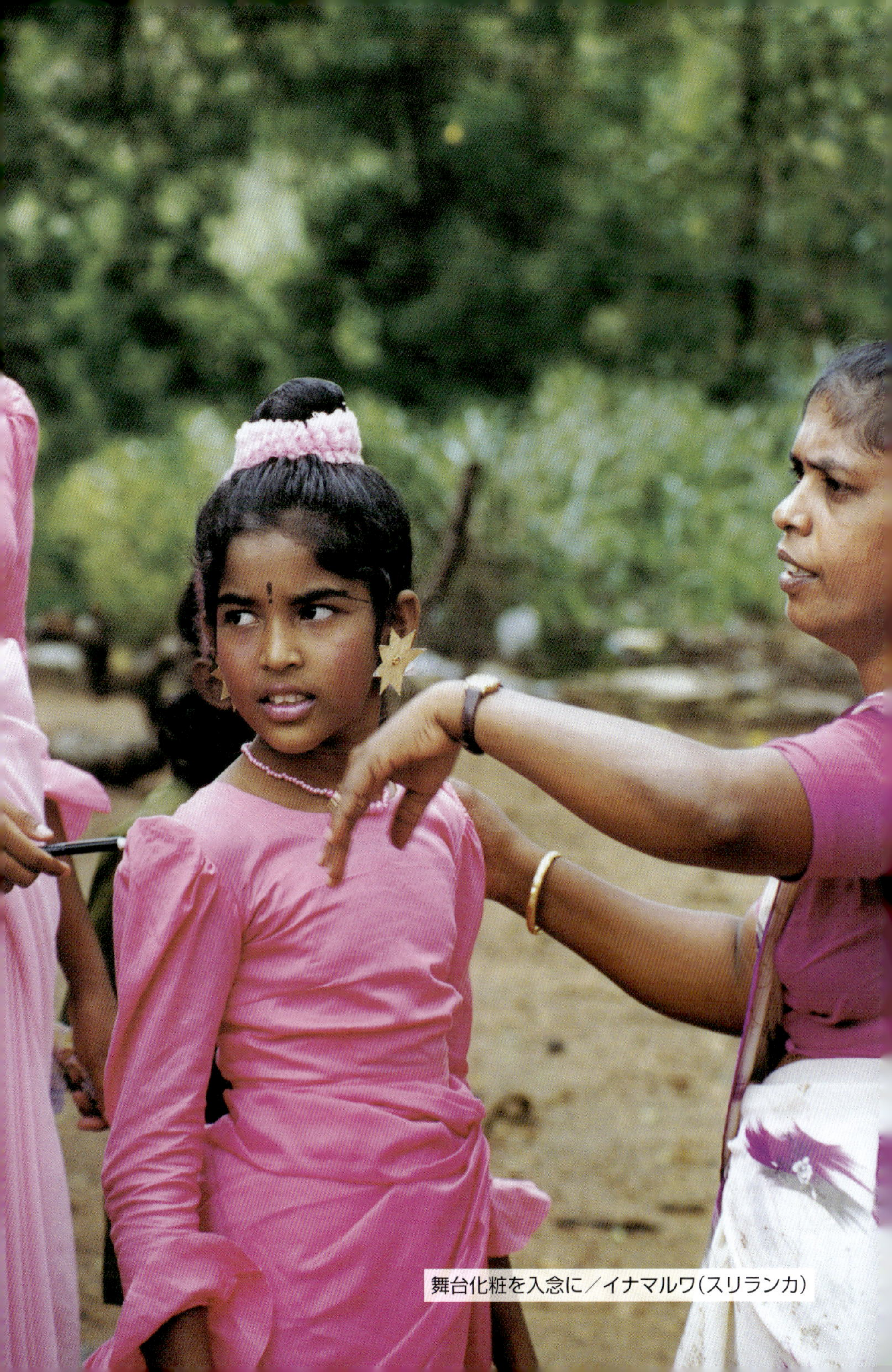

舞台化粧を入念に／イナマルワ(スリランカ)

インド

１９９７年11月、インドのデリーとアグラを、翌年４月、カルカッタを旅する。

十二歳、その胸の音

早朝、デリー郊外の小学校に着く。壊れかけた低い煉瓦塀《れんがべい》の上から孔雀《くじゃく》がこちらを見る。拒否もせず、受け入れもせず、無言で私に問いかける。

「孔雀よ、あなたはなぜ、いきなり真剣勝負を仕掛けてくるのか？」

背後に人の気配。振り向くと大きな瞳の少年が立っている。

「インドは美しい。インドは永遠だ」少年は、ぼそっと言ってすっと立ち去る。私はガーンと頭を打たれた。少年の次の言葉が分かっている。

〈外国人はみなそう言います。あなたはインドのどこに、永遠を見ましたか？〉

「少年よ、あなたはなぜ、前触れもなく現れ、消えるのか？」

孔雀は？　色鮮やかな大きな羽根でふんわりと宙を舞い、校庭を通り抜け校舎の裏に消える。

静寂。少女の視線を感じる。校舎の裏だ。彼女は私に向かって叫んでいるようだ。

「わたしの胸の音を聞いてください。あなたの探しているものがあるかもしれません」

黒板ノートを使って／デリー郊外

ネパール

1997年11月、1999年4・5月、2002年8月と三回にわたってネパールを旅する。移動はすべて車だ。

クリシュナの心遣い

カトマンズからポカラに通じる幹線道路は一本で、交通量は多く、インドからの物資を運ぶ大型トラックは、積みきれないほどの荷物を乗せ、朝からすっ飛ばす。私が世話になった運転手のクリシュナは、カトマンズ空港の近くに住み、中学校と小学校に通う息子と娘がいる。精悍《せいかん》ない い男だ。運転はうまい。

私たちは早朝5時、カトマンズを発ちポカラに向かう。まだ暗い。8時を過ぎた頃だ。クリシュナが遠くを指さす。幹線道路から脇に入った朝日で輝く黄金色の畑の中を、蝶が舞うように子どもたちが軽やかに学校へ向かう姿が目に映る。セーターを着てニット帽を被り、小脇に申し訳程度の教科書を抱えている。私は車を止める。今日は、この子たちと一日を過ごせたらいいな。私も畑の中を行く。ポカラはまだまだ先だ。

唇を噛《か》む少女／ガンダキ

ブータン

1998年4月22日、カルカッタの学校訪問を終え、空路バグドグラへ。そこから陸路で4時間、ブータンのプンツォリンに入る。

国境の町プンツォリン

4月23日8時、歩いて国境近くの私立小学校を訪れる。幼児から六年生までの生徒が外で朝礼だ。ブータンでは、男の子たちは日本の丹前《たんぜん》に似たゴを、女の子たちは着物に似たキラを着る。学校ではこれが制服だ。というより、一日中この姿で生活している。先生たちが着ているものも同じだ。ジーパン、Tシャツ姿はない。この学校では、グレーがかった濃紺が基調の色だ。幼い子どもたちが校長先生の話をよく聞かないであっちを向いたり、こっちを向いたり、それを先生が注意して

雨の家路／プンツォリン

あっちに手をやり、こっちに手をやる。どこの国も変わらない。

　若い校長は、休む暇もなく動きまわっている。休みは日曜日だけ。自らも母国語であるゾンカと英語を教える。校長の英語の授業を見学すると、口をすぼめて動物の鳴き声を出し、腰をかがめて頭を突き出し、両手を広げてバタバタ、体全体が動物になりきっている。これなら生徒たちは、いっぺんで動物の名前を覚えられる。もし名前を忘れても、鳴き声は思い出すだろう。ブータンでは幼児から英語を学ぶ。幼児クラスにはインド人もいる。この学校の幼児クラスでは、インド人だけは、午後、特別にヒンディー語を学ぶ。動物の鳴き声もヒンディー語で教わるのかな。

川が見える校舎裏で／プナカ

スリランカ

裏庭のリハーサル

1998年2月、スリランカを旅する。イナマルワのとある学校に着き、校長先生と会う。生徒千五十五名、先生三十五名。小学校と中学校と高等学校から成る。

四年生の教室に入ると、8時から校歌、国歌の斉唱につづいて祈りがある。どの学年のどのクラスも同じだ。校長は、「今日は午後から、別の大きな学校で学校別対抗の劇と踊りの大会がある。わが校の練習を見学したらどうか」と勧めてくれた。私は校舎の裏庭に出た。木陰で五年生を中心に、三十七名が踊りの最後の練習をしている。女性の先生が、下を向くなと主役の頭の位置を直す。ピンクのドレスが緊張する。もっと間《ま》をおいてのびのび踊れと壷を持つ女の子十五人の振り付けを確認する。花柄の巻きスカートが自在に踊る。大きな声は出さないで、ゆったりと静かな指導だ。突然、壷を持った少女が一人、先生のところに走り寄る。顔の化粧が落ちたと半泣きだ。晴れ舞台

英語の授業／ミネリヤ

では、濃い化粧をしないと顔が引き立たないことを少女はよく知っている。先生は、目の下と眉を墨《すみ》で太く濃く描く。男の子たちは道化役。

生徒たちを会場に運ぶバスが一台、校門の近くで、いまかいまかと待っている。リハーサルは終わった。さあ、出発だ。「小道具を忘れないように！　衣装を引きずらないで！」先生の声が少しかすれている。

踊りのリハーサル／イナマルワ

イスラム教が国教だ——パキスタン・バングラデシュ・モルディブ

第二次世界大戦後の１９４７年、英領インドは二つに分かれ、一つはインド、もう一つはパキスタンとして独立した。パキスタンはインドをはさみ、東パキスタンと西パキスタンの二つの地域から成り立っていたが、東パキスタンは１９７１年、バングラデシュとして独立する。

１９９７年12月、パキスタンを旅する。国民の大部分はイスラム教徒だ。カラチの大きな小学校を訪ねる。狭いが清潔な校長室に通される。事務机の正面にある油絵を見て、あっと驚く。

半年前のある日、私はラオスの首都ビエンチャンから遠く離れた学校にいた。校舎はまわりを畑で囲まれた煉瓦造りの平屋で、ガラスの入っていない吹き抜けの広い窓を持つ教室がいくつか並ぶ。木製の窓枠に両手を置き、教室の中をのぞき込み、耳を傾ける一人の少女が気になる。姿勢を崩さず、ときおり首を長くして先生の話を聞いている。悲しみを抱えているのか、寂しそうだ。教室の子どもたちと同じぐらいの年齢なのに、なぜクラスに入らないのか。一人の男が私に近づき小声で話しかける。

「あの子は半年前まであの教室に通う生徒だったんだが目を悪くしてね、病院で治療したんだ。幸い目は治ったが、治療代がかさんでクラスに戻れなくなったんだ」

あの少女は毎日、この窓辺に来て首を長くしている。学校帰りはきっとあの教室の子どもたちと一緒だろう。休み時間はどうするのかな。

半年前に見たあの情景が一枚の絵に描かれているではないか。まだお会いしていないが、校長先生の姿勢がわかる。ドアが開く。

「アッサラーム・アライクム」

私は挨拶《あいさつ》をして、自分から握手を求める。

「ワァライクム・サラーム」

若々しい張りのある返事があった。

1998年1・2月、バングラデシュ訪問。国民の約80パーセントがイスラム教徒だ。首都ダッカを中心にガージプル、バルカ、マイメンシン、コミラ、ナラヤンガンジ、ムンシガンジを訪ねる。大洪水のあとなのに首都ダッカの住民は走りまわることもなく、また来たかという感じだ。洪水が運ぶ養分の多い土は一年に三回、四回と米の収穫を可能にしている。田植えは男の仕事だ。同年9月に再訪するが、洪水の爪跡はまだ深く残っていた。

モルディブはたくさんのサンゴ礁の島から成るが、そのうち人が住んでいる島は約二百。国民の大部分がイスラム教徒だ。太平洋に浮かぶ国ツバルと同様、地球温暖化による海面の上昇が続くと国土が消滅する恐れがある。

1999年1月と4月、首都マレとヴィリンギリ島を訪問した。モルディブは白色が基調だ。家も道も白。小学校に入ると校庭は砂だ。女子生徒の制服は白、男子もシャツは白。女子生徒はネクタイの色で、どこの学校に通っているかがわかる。小学校は男女共学だが、中学校、高校は別学だ。一つの島はとても小さいので、滞在中、同じ先生や生徒に何度か出会う。

小学校の校庭にいると、むきだしの水道の蛇口を生徒が囲み男性の先生がイスラムの手の洗い方、手の使い方を指導しているのを見ることがある。「汚れ」や「浄《きよ》め」を教えているのだ。モスクに入る前、礼拝する前には「浄め」が必要だ。教室に入ると、壁面には先生が作成した教材がたくさん貼られている。少しだが生徒の作品も飾ってある。

パキスタン

枝のタクト

早朝、アボッタバードの町に着く。車二台がやっと通れる道の両側は商店街だ。「あの坂道を登りきると学校があるよ」と開店の準備をしている老人が教えてくれた。急坂をかなり登りやっと高台に着く。左手を見下ろすと、今日渡ってきた白い長い橋とそれに続く山々が見える。右手の林の中で、ごそごそ地面をのぞき探し物をしている男の子たちが目に入る。みなセーターを着て、カバンを肩にかけている。小学生だ。背を伸ばす四人と目が合った。

「やあ、何を探しているの？」

「枝だよ」

「何に使うの？」

「黒板を指す棒にするんです。先生に頼まれたんです」

「なるべく真っすぐで節《ふし》のないのがいいんだ」

「やっと見つけたんだ」

見せてくれた四本の枝は、みな70～80センチの長さで節がなく美しい。ミナレットのようだ。

「きみたちの学校に行きたいんだけど、連れて行ってくれるかい？」

四人は枝と戯《たわむ》れ、おしゃべりしながら私の先を歩き、たまに後ろを振り返った。

世界に出たい／アボッタバード

校庭に入ると、すでに大勢の子どもたちが六つ七つと立て掛けられた黒板の前に好き勝手な姿勢で地面に座っている。四人は背の高いがっしりした体格の老校長のもとに私を連れていく。私は校長先生に挨拶をし訪問の目的を告げると、彼は軽くうなずき四人に何やら指示を出した。子どもたちはいっせいに三方に走り出す。すぐに先生たちが集まり、私は全先生と知り合うことができたが、そこに先ほどの彼らの姿はない。

屋外授業が始まろうとしている。私は急いで四人を探した。いた、いた。校庭の一番奥のクラスの一番後ろに座っている。

「手に持っているのは何?」　私は近づいて一人に尋ねる。

「黒板ノートだよ。書いて消すことができるんだ」

「授業が終わると水で洗って干すんだよ。ほら、あそこに見えるでしょ。あれ全部そうだよ」

「いつも校庭で勉強するの?」　私は気になっていることを聞く。

「違います。今日のように、よく晴れた日は外で勉強です。教室は黒板の後ろにあります」

先生がやってくる。私を生徒たちに紹介し授業を始める。

「ウスマン!」先生は男の子の名前を呼んだ。クラスのまん中に座っていた子が、前に出て机の上にある棒を持ち黒板の文字を指しながら大きな声で読む。クラス全員が復唱する。朝の、あの枝の一本だ。オーケストラの指揮者の指揮棒《タクト》のようだ。生徒たちの声は一つの束となって神アッラーの許《もと》に届き、枝に舞い降りる。枝に魂が入るのだ。生徒たちが肌でイスラムを感じる瞬間だ。この枝は受けつがれ、使いやすくなってみんなに好かれる指揮棒《タクト》になっていくだろう。

晴れた冬の日／アボッタバード

バングラデシュ

ガンジス川が暴れ出す

バングラデシュのほとんどが海抜9メートル以下の低地のため、しばしば大雨でガンジス川が暴れ出す。国土の半分以上が洪水の被害にあう。

ダッカの学校は、避難民の生活の場に変わる。校庭での炊《た》き出しは、親だけでなく子どもたちも手伝い、ごった返している。慣れているのか、子どもたちはみんな笑顔でよく働く。

授業をやっているところはないかと、被害の少ない地域を目ざして、私は人力車《リキシャ》を走らせる。高い土手を走る。水浸《みずびた》しの村をいくつか通り過ぎ、さらに進む。パッと目の前が開ける。土手の両側に水田地帯が広がる。私は人力車《リキシャ》を降りて土手に立つ。

父と働く／マイメンシン

神から与えられた仕事

軽やかな足音が聞こえてくる。誰かな。上半身は裸で、ところどころ泥がこびりついている。

いま、仕事を終え、あの土手に立っています。あの時、家族と田植えをしていたぼくは、遠くで叫ぶ声を聞きました。広い水田には誰もいない。しばらくすると、こんどはオーイ！　とはっきり呼ぶ声が聞こえる。手にした早苗《さなえ》を父に渡し、畦道《あぜみち》を走った。林を越え、また畦道を走る。遠くの土手の上に人が立っている。あなただった。人力車《リキシャ》のそばであなたはぼくに何も問いかけない。ぼくもあなたに声をかけなかった。あなたがここに立っているのは、この水田を見るためだ。振り返ると、ぼくたちが植えた稲の若い苗は夕陽を浴び、その一つ一つが黄金色に輝き、四角い太陽をつくり、ぼくに語りかけている。その瞬間、ぼくはつかんだ。ああ、これが、田植えがぼくの仕事なんだと。その時ぼくは十二歳でした。大洪水は村をまるごと飲み込み、田畑を台無しにします。ぼくたちの地域は被害が少なかったのです。

ぼくは二十三歳になりました。家族とあの水田で働いています。仲間と医療関係の勉強をしています。バングラデシュでは病気だとわかっていても薬が不足していますし、薬を買えない人も多いのです。また、夕陽を見にきてください。オーイ！　と呼んでください。あなたと、この土手を歩きたい。いっしょに田植えをしませんか。

モルディブ

海の道

学校帰りのその少年に出会ったのは、連絡船《ドーニ》の中だった。デッキで遠くを見つめている。

「何を見ているの?」

「ほら、あの白い船さ。西に向かっているでしょ。積荷は何かな。次の港はカラチかな、アデンかな。今日、ぼくの学校に来たでしょ」

「行ったよ。風が気持ちいいね」

「うん、ぼくは風の音を聞きながら、インド洋をゆっくり航海する船を見るのが好きだよ」

「ほかに好きなことは?」

「連絡線《ドーニ》から跳んで岸に上がる時。誰も手伝ってくれないから、失敗したらドボンさ」

「跳ぶ時、どんな感じがするの?」

「朝は、どん、と跳んで地面をしっかりつかむ感じだから、それで目がさめる。一日が始まるって感じ。跳ばなきゃ友だちに会えないもん。夕方はふんわりと地面を踏んで、家の手伝いのことを考える」

連絡線《ドーニ》が、夕陽でまぶしい岸に近づき、彼は儀式の準備にとりかかる。家族は、きっと彼の帰りを心待ちにしていることだろう。

緊張の一瞬／マレ

民族の誇りと信じる宗教が半島を分ける——ヨーロッパ（1）

民族自決と民族浄化

二十世紀は民族自決の歴史であると同時に民族浄化の歴史をたどった世紀でもある。これは二十一世紀に入っても変わることはない。バルカン半島はその象徴的な地域だ。

１９９１年以後、内戦と紛争でバルカン半島のユーゴスラビア連邦が解体し、次々に独立国が生まれた。しかし、いまだに国境付近で、小競《こぜ》り合いが続いている国が多い。

２００７年９・10・11月、バルカン半島で独立した六ヶ国（スロベニア、クロアチア、ボスニア・ヘルツェゴビナ、モンテネグロ、マケドニア、セルビア）とアルバニアを訪問。スロベニアは、２００６年４月にはじめて訪れた。

心の中で祈る／サラエボ（ボスニア・ヘルツェゴビナ）

ボスニア・ヘルツェゴビナ
「セキュリティ」の二人

２００７年10月６日、空路でクロアチアの首都ザグレブからボスニア・ヘルツェゴビナに入る。首都サラエボの旧市街には、１００メートルぐらいの間隔でモスク、教会、シナゴーグ（ユダヤ教の礼拝所）が見える。国民の内イスラム教徒が約40パーセント、セルビア正教徒約30パーセント、カトリック教徒約15パーセントだ。私が訪れた小学校はどこもイスラム教徒が大部分だったが、それでもカリキュラムにイスラム教を入れるべきかどうか議論を重ねている。クラスには、ほんの数人、他の宗教の子どもたちがいるからだ。

サラエボの旧市街から急坂を登ると墓地がある。さらに登ると小学校にたどり着く。校庭を横切り校舎のまわりをゆっくり歩く。外壁の至る所に弾痕《だんこん》が残る。１９９２年に起こったボスニア紛争のすさまじさを物語る。子どもたちはどこに避難したのだろう。

校舎の中に入るとすぐ机があり、座っている生徒二人がすっと立ち上がる。六年生ぐらいの男の子と女の子だ。今日の「セキュリティ」の子たちだ。外来の客を先生や生徒に取り次いだり、生徒が無断で外出するのを防ぐなど、校舎内の安全を守るのが二人の役割だ。毎週あるいは毎日、セキュリティの子は交替する。彼らの指示にしたがい、私は校長室に向かう。

「セキュリティ」の生徒／サラエボ

モンテネグロ

ボスニア・ヘルツェゴビナのサラエボからバスに乗る。乗客は十四人だ。国境を越え、モンテネグロの首都ポドゴリツァのバス・ターミナルに着いた時、乗客は私を入れて三人だった。近くの郵便局の窓口で日本宛の手紙を差し出すと、三名の局員たちは頭を突き合わせ郵送料をいくらにするか相談し、待っている客にも聞いて、「1ユーロだ」と一人が自信なさそうに言った。独立後、一年たったポドゴリツァの町はのんびり静かだ。

英語とロシア語

バス・ターミナル近くのホテルに泊まり、翌日、歩いて近くの小学校を訪問する。小学二年生のクラスに入ると英語の授業だ。「最近、低学年から外国語として英語を教えるようになったのです。ＥＵに加

輝く十二歳の星たち／ポドゴリツァ

盟しようとすれば、当然そうなります」と先生は語る。バルカン諸国も含めて、東ヨーロッパの世界はＥＵとユーロに意識が向かうようになり、英語が必須の外国語となったために、低学年から学ばせている。幅をきかせていたロシア語はほとんど吹っ飛んで消え、文学の世界だけに生きている。

照れくさかったこと

ぼくが照れくさかったこと
それは、ごあいさつの練習《まねごと》
Ｈｅｌｌｏ！　と好きな女の子に
もじもじ握手したこと

照れくさい／ポドゴリツァ

アルバニア

2007年10月14日、モンテネグロのポドゴリツァから車でアルバニアへ。夜遅く、首都ティラナのホテルに着く。二十代のホテルマンが、チェックインの手続きをしてくれる。さて、明日からどうしよう。いつものように、朝早く学校に行くかな。この国のことはほとんど知らない。そうだ、この若者に相談してみよう。

「私が案内できるでしょう。明朝、ここの支配人に頼んでみます。私の勤務は夜ですから」何とありがたいことか。しかし、夜勤の彼が日中、私と動いたら、どこで睡眠をとるのだ。そうか、夜勤の時、ぐっすり寝ればいいか。客は少ないようだし。

少女の味方

口に当てて考える
鼻にはさんで考える
そのえんぴつは
少女の願いを
すべて叶えてあげたいと
一緒に考える

好きなえんぴつ／デュレス

マケドニア

2007年10月20日、空路でアルバニアのティラナを発ち、一時間十五分でセルビアの首都べオグラードに着く。翌21日、べオグラードから空路一時間十分、マケドニアの首都スコピエへ。

心うきうき

川沿いの並木道を歩く
　今日はうれしかった
　心に溜まっていた話を聞いてもらえた
橋を渡り、円形の大きな広場に出る
石畳の上に赤　青　黄と、傘の花が咲く
　花の上をドレミファと跳んでみたい
　キリスト教とイスラム教は、どこが違うの？
　信じるって、どういうこと？
なぜ、隣のコソボでは紛争があるの？
広場を横切り　商店街《メインストリート》　の入口に来る
いつもの場所に、

いつもの靴磨きのおじいちゃんが座っている
お客さんがいない
　何を考えているのだろう
　ポツンと一人で寂しいだろうな
　声をかけてみようかな
　相談相手はいるのかな
先生はぼくにわかるように話してくれた
みんなも聞いていた
気持ちがすっきりした
商店街をしばらく歩く
マザー・テレサの像が見える
ぼくの家はもうすぐだ
　明日も先生と話せるといいな

いつもの場所に／スコピエ

セルビア

２００７年10月27日、マケドニアのスコピエから、空路再びセルビアのベオグラードへ。

ドナウ川のように

ドナウ川に沿って車で下る。両岸の黄色の紅葉がどんよりした空を明るくしている。村をいくつか通り過ぎる。これがこの前まで内戦があった国かと疑う。運転手のフィリップは五十五歳。よくしゃべる。

「若い頃は、セルビア企業のお抱え運転手として、ヨルダン、シリアなどの中東の国、ザンビア、アンゴラで働いた。そうか、お前さん、中東に行くのか。それじゃ、イスラムの祈り方を俺が教えてやろう」と驚くべきことに、運転中ハンドルから両手を離して、「アッラー」とやり出す。彼はセルビア正教徒だが、イスラム諸国では運転する前に「アッラー」とやったらしい。運転は確かなのだが、いつまで祈りがつづくか心配だ。

数時間前、ベオグラード中央駅で途方に暮れていた。学校訪問がうまくいかない。もう11時だ。さて、と駅構内から外の広場に出る階段を一、二歩降りたとたん、よろけた。前にいた大柄な男の腰のあたりに手が当たり、その男もよろけた。私は謝り、タクシー乗り場に向かうと、彼も同じ方向に大股で歩く。

「タクシーか?」

「そうだ」

「おれはタクシーの運転手だ。乗るか?」

「頼む。どこでもいいから一時間ほど走ってくれ」

私は事情を話した。少し考えたあと、彼は大声で言った。

「よし、まかせておけ。おれはフィリップだ」

「五時間で、いくら払えばいい?」

わたしにも　わかることがある
／スメデレヴォ

「お前の好きでいい。わかったら乗れ。出発だ」

ベオグラードから南東へ数十キロの町、スメデレヴォの小学校に着く。校長先生は語る。歴史と地理を教えるのがつらいと。六年生の男の子が私を教室に案内してくれる。その子は山道を一歩一歩登るように、祖国セルビアを語る。

ぼくの家は川沿いにある。川はドイツ、オーストリア、ハンガリーと流れてきて、ここでひと休みしているって感じ。黒海はまだ先だし。ユーゴスラビア連邦が解体して、スロベニアとクロアチアが独立、マケドニア、ボスニア・ヘルツェゴビナ、モンテネグロも独立。残ったのは、ぼくたちセルビアだけ。丸裸だよ。内戦の傷跡は深いけど、失うものは何もない。ギュッと一つにまとまるチャンスだよ。日本は四方、海に囲まれていますね。セルビアは八方、国境です。八ヶ国に囲まれているのです。ドナウ川のように、ここでひと休みして、セルビアがどの国とも仲良くやっていくにはどうすればいいか、ぼくはこれから考えていきます。そのためには、民族と宗教について学ぶ必要があります。セルビアは、何度も世界を揺るがした。血の気が多いんだよ。もう一度、世界史に名を残す誇り高い国にしたい。

ぼくたちが学ぶ外国語は英語です。以前はドイツ語、ロシア語、フランス語が中心だったそうです。校長先生は嘆いています。英語が話せれば、と。そんなことはないと思います。今は、何でもかんでも英語ですが、他の言語も必要な時代が必ずきます。ぼくは父からドイツ語を習っています。日本語はむずかしいですか。

外で待っていたフィリップの車に戻った。

「お前さん、むずかしい話はおわりだ。帰る途中、俺の家に寄っていけ」

奥さんがつくってくれた牛肉だけの大きなハンバーグをごちそうになる。うまい。玄関には、泥だらけだった靴が、きれいに洗ってそろえられていた。

見つめる先にあるもの／スメデレヴォ

スロベニア

粘土の教室

地下の教室に入ると、先生と生徒のやりとりが耳に入ってくる。男の子が、「もっと粘土！」とくり返しせがんでいる。大きな長方形のテーブルを囲んで、一年生男女八名がこねる。壁には、上級生たちの着色された深皿や花瓶が飾ってある。ここは粘土で作品をつくるための図工室だ。先生は絶えず手を動かし、口も負けじと動かす。何とか一人で作らなければと生徒も絶えず手を動かす。額に八の字を寄せている子もいる。

一年生のみなさん、これだけこねれば、大きくなっておいしいクッキーが焼けるでしょう。これだけ楽しんで作れば、きっと形が自慢のパン屋さんになれますよ。

手は休みなし。口も休みなし／リュブリャナ

自由奔放に生きたい／リュブリャナ

クロアチア

相談ごとは公園で

朝、クロアチアの首都ザグレブから列車に乗り、カルロヴァッツに着く。工事中の道路の脇を市の中心に向かって歩く。大学生らしきグループに、公立の学校はないかと尋ねると、二つあるという。その一つが広い公園を通り抜けたところにあった。中学校と併設された小学校に入ると、すぐ女性の先生に会った。学童保育を担当しているという彼女は、私を校長室に案内してくれた。

午前中、小学生のクラスを見学し、お昼から学童保育の教室に移動した。学童保育を担当するハリナさんには、この中学校で学んでいる十四歳の息子がいる。昼休み、彼は母親の学童保育を手伝う。はきはきした礼儀正しい青年だ。

ちょっと一休み／カルロヴァッツ

学童保育部屋は、大小二つありつながっている。一年生から四年生まで、男女十二名の生徒たちがもうすでにお皿とスプーンを持ち、にこにこ笑いながら並んでいる。今日のメニューはスープとチキンサラダとマカロニだ。いい匂いだ。私も子どもたちといっしょに食べ、子どもたちといっしょにおかわりをした。

食事のあとは勉強。宿題が終わると目の前の公園に遊びに出かける。ブランコに乗り、ジャングル・ジムにのぼり、鉄棒で逆上《さかあが》りをする。ハリナさんは、自由気ままに遊ぶ子どもたちを見守るだけで、特別なことはしていない。代《か》わるがわる子どもが相談にくる。一日で最も大切なときだ。一人一人に、特別なことをしているのだ。3時だ。そろそろ親が迎えにくるころだ。息子のドイツ語の授業も終わるころだ。

学校近くの公園で／カルロヴァッツ

学ぶ外国語は英語だ——ヨーロッパ（2）

ソヴィエト連邦の解体と独立国家の誕生

１９８９年ベルリンの壁が崩壊し、その後ソヴィエト連邦が解体した。新しい独立国家が、次々と誕生した。アジアでは、中央アジアで五ヶ国、西アジアのカフカス地方で三ヶ国、ヨーロッパでは、バルト海沿岸で三ヶ国、ほかに四ヶ国が独立した。

２００３年９月、東ヨーロッパの中からロシア、ベラルーシ、ウクライナ、モルドバの四ヶ国を訪ねる。この旅で二十九校の子どもたちと遊ぶ。

ひと昔前、ソヴィエト連邦の舞踊団が来日したが、踊り子たちはロシア出身の人だけではなく、ウクライナ、モルドバ、ベラルーシ出身の人もいた。私が訪れたモルドバの小学校の先生は、その日本公演メンバーの一員だったと懐かしそうに話す。当時の公演の写真を見せながら、私がどこにいるかわかりますか？といたずらっぽく笑って聞く。わからない。私の隣にいる二十歳の娘さんの顔をよく見る。この学校の出身者で今日、たまたま遊びに来ていた。何度か娘さんを見て、私はこの人かなと指でさした。

十二歳の微笑み／キエフ（ウクライナ）

放課後の校庭／キシニョフ（モルドバ）

ロシア

モスクワの給食

9月の新学期が始まったばかりのモスクワの小学校を訪問する。校長先生は、学校のアルバムを見せながら、「仮装して舞台で歌っている背の高い人物は、モスクワの有名人だが、誰だと思いますか」と茶目っ気たっぷりに私に聞く。愉快な校長だ。歌が生徒たちに受けたかどうかは知らないが、こうやって先生と生徒たちの輪を広げているのだ。参観しなくても、授業の様子がわかる。

外国語は英語で、低学年から学ぶ。英語の授業は、英語の成績によりクラスを二つに分け、二年生からコンピューターを活用している。クラスは成績で二つに分かれても、生徒たちは関係ない。どちらのクラスも楽しそうだ。

子どもたちにとってもっと楽しいのは、ランチの時間だ。今日は、豆、肉、野菜など具がたくさん入ったスープにピロシキとパンだ。各家庭はランチ代として、わずかな金額を負担する。支払いができない家庭は30パーセントあるが、政府がその分を負担する。ランチ代は無料だ。

東ヨーロッパのベラルーシ、ウクライナなどの国でも、主食としてパン以外にピロシキをよく出す。モスクワの有名人が、生徒たちのなかに入り、ピロシキを頬張っている姿が目に浮かぶ。

二人で一つの答えを見つける／モスクワ

軽く手足を動かしてリラックス／モスクワ

ベラルーシ

母校に帰った卒業生

朝、とある小学校に着く。校門をくぐるとすぐ左手に、花に囲まれた石柱が目につく。字が刻み込まれている。授業見学が終わったあと、女性の校長先生は子どもたちが帰った教室で、その石柱について話してくれた。

私たちの国ベラルーシは今は独立国ですが、以前はソヴィエト連邦を構成する共和国の一つでした。ソヴィエト連邦がアフガニスタンと戦争したことは御存《ごぞん》じですよね。多くの共和国から、若者たちが戦争に参加しました。この学校の出身者も出兵しましたが、悲しいことに三名戦死しました。この村の出身者です。みんな大きくがっしりした体で、勉強より運動のほうが好きで、校庭で

起立！ お客さんにごあいさつ／ボリソヴ

よく遊んでいたようです。入口の石柱は、この三名を称えるために建てられた石碑です。名前、戦死した年、年齢が刻まれています。この窓の先に川が見えるでしょ。あの川の向こうに、アフガニスタンで戦死した方たちの墓と記念碑があります。

校門までくると、石碑の前を遅くまで遊んでいた子どもたちが元気よく、話し合いながら通り過ぎる。石碑は後輩たちに、また明日など満足そうに声をかける。

アコーディオンに合せて／ボリソヴ

ウクライナ

橋渡しが運命

ぼくはキエフ生まれの六年生。ソヴィエト連邦から独立した年に生まれたんだ。両親は、この国がどうなるのか、ぼくをどう育てるのか、困ったらしい。

何を勉強しているかって言うの？　聞いてよ。

ぼくらはウクライナ語で勉強する。自分の国の言葉だ。あたり前だと言わないでね。昔はロシア語だったんだ。外国語は英語だ。話し言葉が中心だけど。歴史もあるよ。郷土を取り戻せってよく先生が話す。ぼくが興味を持っているのは、ヨーロッパのものの見方、考え方、経済や企業の仕組みを学ぶ授業だ。資本主義とか民主主義とか。

両親は働いているけど、ロシア語は母が、ロシアの経済とか社会のことは父が、暇をみつけて教えてくれる。ウクライナは西ヨーロッパとロシアの両方が同時に見える位置にある。ぼくは、二つの世界をつなぐ仕事をしたい。そういう運命のもとに生まれたと感じている。

これから給食がある。ピロシキとかピザが出る。おいしいよ。今日は何かな。ぼくたちと一緒に食べようよ。日本の話をたくさん聞かせてください。

なぜ 学ぶのか／キエフ

モルドバ

なぜ落書きするのか

「黒板は何でここにあるのか？」

「決まってるよ。先生がぼくらに教えるためだ」

「ほかには？」

「わかった。こうやって——落書きするためだ」

「当たり！　黒板は毎日真面目なことばかり書かれるので疲れているんだ。それにハンガーみたいに、いつも壁に吊《つ》るされて肩が凝《こ》る」

「そうか、肩をほぐすには落書きが一番良い薬ってわけだ。今日は傑作をたくさん書いて黒板に喜んでもらおう」

落書きは　やめられない／キシニョフ

待ちぼうけ／キシニョフ

バルト海から黒海へ——ヨーロッパ（3）

ヨーロッパ中部を縦断する

2005年4・5月、ルーマニア、ブルガリア、チェコ、2006年4月、スロバキア、ハンガリー、2007年9月、ポーランド、再びスロバキアを訪問。バルト海から黒海につづく東ヨーロッパの学校を訪れる。

1989年、ポーランドの「連帯」による共産党以外の政党による政権が、東ヨーロッパではじめて誕生した。その後、次々と東ヨーロッパに非共産政権が成立した。

下校の準備／ワルシャワ（ポーランド）

陽のあたる教室／プラハ郊外（チェコ）

笑顔の四人／ブカレストから西へ 120 キロ（ルーマニア）

ポーランド

校長の意欲

1989年、ポーランドの学校教育は、それまでの8・3制から6・3・3制になった。義務教育期間の授業料は無料だが、教科書代は有料だ。一クラスは二十名前後だ。首都ワルシャワでは、小学三年生までは同じ先生が受け持ち、四年生になると別の先生になる。興味深いのは、四年生になる時、別の小学校に転校してもいいということだ。もっとも越境入学は、成績がかなりよくないとむずかしい。小学校では、体育の教師以外はすべて女性教師という学校が多い。女性教師のみなさんと話すと、給料が安いと笑って嘆いている。

ワルシャワから列車でグダニスク、クラクフを旅する。

クラクフでは、二人の校長先生と話すことができた。一人は9月に小学校の校長になったばかりの若い女性で、学校を語学とスポーツに重点を置き、将来は中学校を創設したいと意欲に燃えている。もう一人は郊外にある小学校の女性の校長で、やはり学校に特色を出すために、政府の援助はないが小学一年生から英語を教えている。従来は、四年生になってはじめて英語を教えていた。今年、中学一年生クラスを新設したので、将来は中学三年生までのクラスをつくりたいと話に熱がこもる。こうした校長たちの情熱と実績が当局を動かし、夢が一つ一つ実現する。

新学期、はじめての授業／ワルシャワ

スロバキア

東から西へ

ポーランドのクラクフから車でザコパネを経て国境を通過し、スロバキアに入る。急に家の造りが変わる。山岳地帯は緑が美しく、自然が残っている。車で首都ブラチスラバに向かう。

ブラチスラバでは、九校訪問することができた。ある小学校では、校舎の一部を問題がある小学生と中学生のための教室として使用している。一クラスは五、六名と少ない。問題があるといっても暴力を振るった子どもたちではない。いじめにあったり精神的な苦痛を受けたため、この教室にいるのだ。専門の教科を教える先生だけでなく、生徒たち全員の世話をする女性校長がいる。

中学生の数学の授業を見ていると、子どもたちは新しい居場所を得て明るい。リラックスしている。校長先生とは何でも話せるようだ。校長に、「心がけていることは何ですか」と尋ねると、「いつでも子どもたちに耳を貸す。子どもたちの言い分をすべて聞く。ふりしぼった最後の一言までよく聞くことです。でも、これはふつうの子に接する時でも同じですよ。駄目なことは駄目と、はっきり言う。だって次はいじめる側になるかもしれませんからね。特別なことってないわね」と返事があり、「何年やっていても、子どもの表情を見るだけでは、心の中までは読み取れませんと、付け加えた。

日本人でしょ。何しに来たの？／ブラチスラバ

休み時間に、中学生七、八人が私のところにやってきた。みんな好奇心はあるが、話す言葉が出てこない。ある子が校長先生を呼んだ。通訳してもらうためだ。私たちはぎこちないが、楽しい会話をはじめた。

帰り際に、校長が話しかけてきた。

「そうそう、あした、日本のアニメを中心としたジャパン・フェアがあるわ。知ってます？　毎年、若者が大勢やって来ます。スロバキアのオタクも来るわよ。アハハハ。アニメの上映以外に、日本の若者文化の紹介もありますよ。去年、ある会場では、東京の町を歩く若者のヘア・スタイルや衣装をスクリーンに映して、ブラチスラバの若者が解説したの。立見が出るくらい人気があった。両国の違いというより、この国の若者の考えがよくわかって、面白かったわ」

私は校長とその会場に行くことを決めた。私たち二人は、多分、最年長だろうな。

人生にバランスをとる必要はあるか／ブラチスラバ

ブルガリア

師弟の呼吸

ソフィアから南へ150キロ、バンスコに着く。絵画の教室に入る。授業は始まっている。十名ほどの中学生のクラス。座って描いている女の子たちにまじって、男の子が一人、机の上の画用紙を前にして立っている。クレヨンを持った手は動かない。窓から射し込む光に照らされた画用紙はまっ白だ。緑のクレヨンを持ったままだ。しばらくして、左手を画用紙の隅におき、縦に線を一気に描く。画用紙の白と対峙していた時間は、ほんの数十秒だっただろうが、私にはもっと長い時間に思えた。ひょっとすると、彼は私がソフィアを出発する時からこの姿勢だったのではないか。

　先生がゆっくりやってきて少年と肩を並べる。少年の描き始めたクレヨンの先を見るが、黙って何も話さない。少年が手を休めると、先生は青のクレヨンを指した。少年は無言で青をとる。窓辺の師弟の姿は歴史の絵巻物の一場面だ。抑圧と渦巻く激動の歴史を生き抜いた師《し》と、新生ブルガリアをこの地からつくり出していく弟《てい》の出会いの場面だ。クレヨンが紙の上をすべる音だけが、わずかに教室に響く。生徒たちはそれぞれに花の絵を描くが、花瓶に花はない。

クレヨンでつながる師弟／バンスコ

帰りは、少しまわり道をしてリラに寄った。リラ川に沿って、森の中の山道を登る。前方に堂々とした修道院が見える。中庭に入ると、人の足音だけがこだまする。中庭を通り抜け、修道院を出ると、目の前から下る細い急な坂路が小川にかかる橋に続く。私は橋のたもとで、小川の上流を見上げ息をのんだ。いま絵の中に見た名も知らぬ花々が、夕暮れの野にあざやかに咲いている。小川の両側で、ピンクに黄色に薄紫に一面に咲く。戦火で踏みつけられても、人から見放されても、中世から咲きつづけてきた気高い姿でこちらを向き、風に揺られて、「やっと来ましたね、ようこそ」と。あの少年は、この橋のたもとに来たことがあるのか。いや、花畑の中に少年がいるではないか。彼は私に語る、「あなたの探しているものはありましたか?」私は、なぜ少年が長いこと白い画用紙と格闘していたのか、そのことに思いをはせる。

ハンガリー

ホイ　ハイ　ハイ　ホイ

目いっぱい、体育館のコートをかけずりまわる。一年生クラスの十人。コートは貸し切りだ。生徒の倍ぐらい背が高い女の先生と子どもたちの声が響く。ホイ　ハイ　ハイ　ホイ。先生がホイとバレーボールを放り投げ、生徒は、走りながらハイと両手で受けとり、先生の後ろをぐるっとひとまわり。ホイとボールを先生に投げ返し、もう一回、先生の後ろをぐるっとひとまわり。あとは走れ、走れ。走って残りの仲間たちの一番後ろにつく。それだけ。くり返しくり返し同じこと。ボールが頭より大きい。手は小さい。ボールを落とす子。落として蹴とばす子。胸で抱える子。ボールが、あっち、こっち、と気ままに散歩する。

勝った子と負けた子／ブダペスト

拾え、拾え、走れ、走れ、くたくただ。

はい、終わり！

床にへたる女の子。大《だい》の字にあおむけに倒れる女の子。それを見て笑う男の子たち。でも今日の一番は女の子二人だ。先生の両脇で、勝利の手をあげてもらう二人は、どんな気分だろう。男の子たちよ、元気を出せ。今日のランチは、ポテトシチューとりんごと大きいピックルスだ。

明日《あした》の活力

「あばよ！」
「じゃあな！」
この掛け合いが
今日のすべてを封印し
無限の生命力を生み出す

校門を出る／ブダペスト

チェコ

夢を支えてくれる両親

わたしはプラハ出身の十二歳。チェコが独立した年に生まれたの。「あなたは争いのない時代に生まれて幸せよ」と母は言います。父はチェコの苦難の歴史を、くどいくらい話します。聞いてくれますか？

両親が生まれた頃、内戦があった。チェコスロバキアはソヴィエト連邦の支配下にあったので、市民は自由化を求めたのね。「プラハの春」と呼ばれたけど、軍に鎮圧されました。知ってますか。それから二十五年たってやっと、この国は独立したの。両親の青春時代がたいへんだったのはよくわかるわ。二人は同い年だけど、そんな時どこでどうやって知り合ったのかしら。職場かな？　一度ゆっくり聞こうと思います。

わたし？　英語を勉強して、通訳とかガイドの資格をとりたい。いろんな国のことを知りたい。プラハは観光客が多い。日本人も来ますよ。英語の本をチェコ語に翻訳するのもいいな。母にこのことを話すと、「私たちの時代は人生を選べなかったけど、いまは進む道がいろいろあっていいわね」と笑います。父に話すと、「どれもそう簡単なことではない」と少し厳しいことを言いながらも、「自分のやりたいことをやりなさい」と応援してくれる。どれも簡単でないことはわかっているけど、やってみようと思います。秘密だけど、このほかにまだやりたいことがあるの。今日も食堂で食べながら、友だち三人と内緒話《ないしょばなし》をします。楽しみだわ。

花も恥じらう十二歳／プラハ郊外

ルーマニア

２００５年5月1日、ウィーンを発ち、空路ルーマニアの首都ブカレストへ。ブカレストから西へ１２０キロ、とある村に来る。若者たちは都会に出て、たまに帰ってくるだけだが、村の家は家畜と鳥たちの鳴き声でけたたましく活気がある。小学校はどこにあるのだろう。通りの道幅は広いが、人が通らない。生徒はどのくらいいるのだろう。

笑顔の種類

凧に七つの種類があるように
笑顔の種類はいくつあるのだろう
教会の前の田舎道を行く
鶏《にわとり》が木の塀の穴から顔を出す
アヒルの親子が道を横切る
先頭にお母さん
尻を振り振り子どもたち
首をせわしくまわすお父さん

危険を察知できるアヒルに笑顔はあるのだろうか
何を告げるのか、教会の鐘が鳴る
道端の草花を見ながら、はじめての小学校に着く
教室に入る
十八の笑顔が待っていた

笑顔の二人／ブカレストから西へ 120 キロ

歌がバルト三国をつなぐ——ヨーロッパ（４）

歌が学校を一つにまとめる

音楽の授業が多い。歌うことが喜びであり、先生と生徒、生徒同士の結びつきを強くし、学校を一つにまとめている。これがバルト海沿岸三ヶ国（エストニア、ラトビア、リトアニア）の学校だ。西アジアのイスラム諸国の学校では音楽の授業は少なく、子どもたちにとって音楽は学校生活の一部になっていない。かわって『コーラン』の朗誦《ろうしょう》がある。違いに驚く。

２００３年９月から10月にかけて、東ヨーロッパの中のロシア、ベラルーシ、ウクライナ、モルドバと西アジアの中のカフカス地方のアルメニア、グルジア、アゼルバイジャンの学校を訪れたあと、10月16日、モスクワから列車でエストニアの首都タリンに向かう。その後、国際バスに乗ってラトビア、リトアニアを訪ねる。

位置について／タリン（エストニア）

歌うように／ビリニュス（リトアニア）

エストニア

十二歳の鎖

「もっと心を込めて、力強く歌ってくれ！　これはエストニアが独立を求める叫びなんだ！」先生の声が音楽室に響く。外は初雪が降っている。

1989年8月23日は、バルト三ヶ国（エストニア、ラトビア、リトアニア）それぞれの首都タリン、リガ、ビリニュスを二百万の人が手をつなぎ、ソヴィエト連邦からの独立を訴えた日だ。この〝人間の鎖〟運動では、歌好きの国民が合唱し、一人一人の歌声は一つの大きな翼になって世界をかけめぐった。

この先生もこの運動に参加し、子どもたちの母親・父親たちと手をつなぎ、気持ちを込めてこの独立を求める歌を共に歌った。〝人間の鎖〟の年に生まれたこの子たちには、あの時に負けないぐらいの力強さが欲しい。先生には親の歌う顔がダブって見える。

子どもたちの手には、宿題に出されタリン湾で探した小石と貝が握られている。叩けば、きっと解放の音色を出すだろう。

心の底から／タリン

ラトビア

才能を伸ばすユース・センター

10月23日、首都リガは、零下5度で寒い。だが秋だと言う。零下20度でようやく冬だと。リガ市最大のユース・センターを見学する。生徒三千五百名、講師百名。市が運営し、基本的に無料の塾だ。ゼロ歳から二十五歳までが対象で、さまざまなクラスがある。毎年8月末から9月にかけて親と子どもはクラスを見学し、入学を決める。二つ以上のクラスに入ってもいいし、また、いつ辞めてもいい。

ユース・センターの目的は二つあり、一つはすぐれた才能を伸ばすこと。学校では限られた時間でしか学べないことを、このセンターでは思う存分、時間をかけて指導してもらうことができる。もう一つは、放課後、また休日に、子どもたちが健全な生活

ダンスは得意だよ／リガ

を送ること。青少年の麻薬防止策にもなっている。

絵画、音楽、スポーツなど、たくさんのコースが用意されている。生徒数三〜五名の幼児が学ぶ絵のクラスもあれば、二十名以上の合唱クラスもある。好きなことを一流の先生たちから学べる。小規模なユース・センターもある。エストニア、リトアニアにもユース・センターがある。また中央アジアのウズベキスタンでも同じようなセンターがあり、スポーツではオリンピックに出るような優秀な講師が指導にあたっている。

雪原のドラマ／リガ

リトアニア

過去をすくい未来を取り込む

首都ビリニュスの郊外にある学校を訪ねる。区画整理された広い団地の中にある創立五年目の学校だ。一年生から四年生までの小学校の部と、五年生から九年生までの中学校の部から成っている。校長先生は歴史学者だ。「日本人に会うのは久しぶりだ。二人目だよ」と低い声で噛みしめながら話す。

校長が赴任して、手掛けたことは二つ。一つ目は、全先生にコンピューターを学ばせたこと。情報の集め方を教え、独自の教材を開発した。また先生と生徒が協力して、民族衣装、料理、手芸などの分野でつくった作品をデータにしてファイルし、世界に発信する。二つ目は、生徒の家にある古くて使っていない鍋、釜などの炊事道具、食器、農機具などを持って来させ、教室の一角に常設・展示した。リトアニアの新しい歴史をつくる前に、生徒たちが自分たちの暮らしを目で見て知れということだ。最新の情報をとり入れた若い先生の英語の授業に、子どもたちの目は輝き、教室は活気に満ちていた。鍋、釜は、生徒たちに何を語りかけているのか。十年先、二十年先をみすえた試みは、始まったばかりだ。

晩秋の下校

「さようなら」
「さようなら」
あっ　あの子たちだ
私はあわてて手を振る
「今日はありがとう。さようなら」
一緒に楽しく過ごした
あのクラスの少女たちが
広い校庭を横切り家路を急ぐ
長い二つの影が校舎の入口まで届く
この子たちのために
平和が続くことを祈る
苦闘の末
勝ち取った独立なのだから

晩秋の下校／ビリニュス

学校が移民の子どもたちを支援する――ヨーロッパ(5)

移民の子どもたちの受け入れ

西ヨーロッパの公立の小学校・中学校・高等学校を訪問してはじめに気がつくことは、二十五名前後のクラスの中に移民の子どもたちが数名、多いときには十名以上いるということだ。移民の家族は、すでにいまの地域に数十年住んでいる場合もあれば、数年の場合もある。西ヨーロッパの他の地域からだけではなく、東ヨーロッパ、アジア、アフリカから移り住んでいることもある。家族は、職を求めて移住することが多い。

スイスのある高校の英語特別クラスを見学すると、十五名の生徒がすべて他国からの子どもたちだ。「ナマステ」、「サローム」、「ドバル・ダン」……。

「こんにちは」だけでも十五ある。

西ヨーロッパでは、また、東ヨーロッパ諸国も含めてEUに加盟している国々では、小学校低学年から英語が外国語としてカリキュラムに組み込まれている場合が多い。移民の子どもは、例えば北アフリカのアルジェリアからスウェーデンにやってきた小学生は、まず、授業で必要なスウェーデン語を学び、並行して英語も学ばなければならない。家に帰れば、家族はアラビア語を話す。子どもにとっては語学の負担が大きい。中学から高校・大学へと、上級学校へ進む場合、語学で躓《つまず》き、行けないケースも多い。もちろん、各学校は移民の子どもをサポートしている。先生たちは自分たちが苦労しているとは考えず、いろいろな文化に接することができ、楽しんでいるようにも見える。学校には、人種差別はない。男女差別もない。最近では年齢差別をなくすという考え方も出てきている。

ハシを使って／ウィーン(オーストリア)

学童保育の充実

もう一つ気がつくことは、小学生のための学童保育の充実に心をくだいているということだ。授業終了後、子どもたちを正午から数時間、学校の付属設備または近隣の施設で預かる。世話する人は、学校の先生ではなく専門職だ。12時頃の昼食の世話から始まって、勉強の手助け、時には昼寝の準備、近くの公園または独自の施設で一緒に遊ぶ。悩みを聞いてあげるのも大事な仕事だ。学童保育がある国は多いが、西ヨーロッパでは、移民の子どもたちが多いので、学童保育での生活は午前中の授業と同じくらい重要だ。

オーストリア

二年生　桜クラス

あと二時間で学校祭が始まる
ぼくたち二年生のクラスは、教室で「ウィーン－日本フェア」だ
担任の先生が、夏休みに日本に行ったんだ
おみやげに、日本語をいっぱい持ち帰ってきたよ
さあ、準備だ　ハチマキに、ぼくたちの名前を赤で書こう
ラッファエル、フィーリップ、ニコ、ラリッサ、カロリネ……
はい、できあがり　よーし、こんどは売店をつくろう
ここで、お客さんに日本の味を食べてもらおう
センベイ、ゴハン、トーフ、ノリ、ミソスープ……
そうだ、オチャだ、オチャも用意しなきゃ　おっと、アッチチチ
ねだんはみんな、1ユーロだ　ハシだ、チャワンだ
準備完了
「さあ、いらっしゃい！　いらっしゃい！」

「お母さん、お味はいかがですか」

「お父さん、2ユーロもいただきましたが、いいんですか」

「校長先生、なんでハシの使い方が上手なの？」

「さあ、いらっしゃい！　日本食だよ」

あわてて、ラッファエルのハチマキとニコのハチマキが、ハチ合わせ
イテテテ……

二年生 桜クラス／ウィーン

オランダ

2007年5月21日、オランダの首都アムステルダム着。ハーレム、フォレンダム、エダム、ユトレヒトの学校を見学する。

アムステルダムのバス・ターミナルから一時間ほどバスに乗り、ザーンセ・スカンスに来る。開校して数年の小学校を訪ねる。

ぼくたちの文化交流

1《いち》、2《にっ》、3《さん》、……
日本語はむずかしいけど面白い
四百年も前から
ぼくたちの国は日本と行き来があったんでしょ
ヨーロッパと出会って
日本人は驚いて楽しんだのかな

文化交流はマンガとアニメから／ザーンセ・スカンス

ぼくたちは
日本のマンガやアニメが大好きです
日本に行きたいな
マンガを描いているとこ見たいな
アニメはどうやってつくるのかな
ほかに何かある？
あったら教えてください
ぼく　パソコンできるから

打ち合わせ／ザーンセ・スカンス

ベルギー

2007年5月27日、列車でオランダのユトレヒト駅を発ち、マーストリヒト駅を経由して、ベルギーのリエージュ駅に着く。ブルージュ、メッヘレンの学校を訪ねる。

ブルージュのマルクト広場を横切り、運河を渡り、古い城門を通り抜けると小学校が見える。

始業《はじまり》のハンドベル

チン　チン　チリリンリーン

「ぼくもあのハンドベルを鳴らしてみたい」

朝礼を合図し始業を知らせるハンドベル。

「みんなに何を知らせるかで、鳴らし方が違うし、鳴らす回数も違う。

わかるでしょ。あなたやれる?」先生は生徒に聞くと、

「やってみたい、先生」

「じゃ、来週はあなたが当番ね。先生が手で合図したら鳴らすのよ」

「まかせて。広場の鐘楼《しょうろう》の鐘に負けないぐらい、大きな良い音を出すよ」

朝礼はうまくいくかしら。

チン　チン　チリリンリーン

持ってみたいハンドベル／ブルージュ

ルクセンブルグ

2007年6月3日、列車でベルギーのブリュッセル中央駅からルクセンブルグ中央駅へ。

ここに仲間あり

こんにちは
ぼく、サボリの名人だよ
隠れるのがうまい
隠すのもうまい
なぜ、授業中、本を立てているか、わかる?
え、わかるの?
あなたも立てたことあるの?
それじゃ、あなたも相当なサボリマンだな
うれしいな、仲間がここにいるとは
うまが合いそうだ

黄金の左手/ラマデライン

今日は真面目に勉強しているよ
だって、あなたがお客さんだもの
先生に恥をかかすわけにはいかないもん
もうすぐ休み時間だ
クラスのみんなと一緒に遊ぼうね
忘れないで！
ぼくは隠れるのがうまいってこと
友だちの後ろに隠れているかもしれないよ

にぎやかな校庭／ラマデライン

フィンランド

工作の時間

とある小学校を訪ねる。この学校は、低学年から授業時間を充分にとって、工作の指導をする。二年生二十四名のクラスをのぞくと、十二名しかいない。この子たちは平常より一時間早く、8時30分に学校に来ている。担任と資格のあるアシスタントの先生が、時間をかけて生徒一人一人の面倒をよく見るためだ。9時30分になると、ほかの十二名の子がやってきて、同じ工作の授業に参加する。クラス二十四名の授業が終わる時間は一緒で、10時30分だ。はじめに来た子は、休み時間を入れて二時間続けて授業を受けたことになる。早く学校に来る子どもは、月によって週によってかわる。物をつくることが嫌いな子どもは少ない。先生と生徒の距離が近いからコミュニケーションがよくとれる。朝、来てすぐ二時間の工作なんて、思いきったことをする。工作は高学年の木工の授業につながる。

一、二年生の国語のクラスは、人数を半分に分ける。学年によって、算数・英語もクラスを半分に分ける。四年生で成績がひどく落ちれば別教室で個別指導がある。分ける。分ける。工作の授業もクラスを半分に分けるが、学力で分けているわけではない。先生が、ゆっくり時間をかけて子どもと接したいからだ。フィンランドの学力が高いのは、この工作の指導が大いに関係しているのではないか。休み時間は十五分で、みんな校庭に出る。

今日のランチは、キャベツと人参のサラダ、ソーセージ、ジャガイモ、それに牛乳だ。私も自分で食べられるだけ皿に取った。もっと取りたかったけどやめた。とろけるようなソーセージが、特においしい。

手許《てもと》が狂わないように／ロヴァニエミ

ノルウェー

先生に求められるもの

この子たちは高校一年生。まだ入学して一ヶ月足らず。オスロの十一ある中学校から来たの。はじめは、みんなまわりの子をほとんど知らなかった。

私が何を教えているかって？

生物よ。でもね、私の本当の仕事は二十四名の子どもたちが仲良くやっていくよう見ていること。そして子どもたちをプロフェッショナル・スチューデントにすること。これから長く学生生活を送るわけだから。いまはグループをいくつかに分け、グループがまとまるようにしている。私は一日一つのテーマを与え、黒板の説明はほんのちょっと。あとはグループの中に、生徒たちの中に、ぐいぐい入っていく。あと二ヶ月ぐらいはこれを続けるつもりよ。生物という課目は、私と生徒たち、生徒と生徒を結びつける触媒ってとこね。

いま、ぐいぐい入っていくって言ったけど、教えるばかりじゃない。教わることも多い。私をはるかに超えている子もいる。学問じゃないわよ。人間的にね。ある中学校では、北アフリカのアルジェリアから東南アジアのフィリピンまで十五の国の子どもたちが通っている。そんな中でもまれて育った子は、もう立派な大人よ。そうでしょ。先生をかわってもらいたいぐらい。差別っ

プロフェッショナル・スチューデントになれ／オスロ

て言葉があるけど、男女差別はない。人種差別もない。わかるわね。

私の授業のやり方、どう思いますか？　生徒たちにどしどし質問していいですよ。あなたも触媒よ、なんて言いませんから。

スウェーデン

健全な精神の持ち主

海からつづく王立公園の中を、市の中心に向かって三本の道が走る。私は左側の道を歩く。緑《りょく》地帯《ちたい》を隔てて道幅10メートルほどのまん中の道の先に、黄色い帽子のようなものを被った男性がうつ伏せ気味に倒れているのが目に入る。人通りは、ほとんどない。私は彼の横を通り過ぎたが、気になり振り返った。すると、二人の若い女性が彼にかけ寄っているところだった。しゃがみ込み、声を掛けている。それでも起きないので、二人で手を貸し地面に座らせた。やせた若者だった。ふらふらしながら一人で立ちあがり、首を振った。会話は聞こえないが、若者は大丈夫のようだ。二人は海に向かって歩いていった。二人は友だちのようだ。私には、海の女神たちに見えた。映画のラストシーンではない。これは、二人にとって特別なことではない。日常の一コマなのだ。数秒後、私は後ろ姿にほろっときた。そしてさらに数秒後、異国の地で自分が何もできなかったことを悔いた。

ふっと、三十数年前のことが頭をよぎる。私は、あるアメリカ人の若者と東京・池袋の繁華街を歩いていた。遠くを見ると、一人の老女が目に入る。信号のない大通りを横切り、その先にあ

絵を見せるのは恥ずかしい／ストックホルム

る都電の停留所に向かって白い杖をついている。あっ、という間もなく、若者はその老女のもとに一直線に走り寄り、手を引いて、一段高い停留所のホームの上に乗せた。一瞬だった。彼は異国の地、日本に来てまだ半年も経たない二十七歳の男だ。私はかっと血がのぼり、自らを恥じた。彼は何事もなかったかのように、私のところに戻ってきた。こいつは、本物だ。アメリカの健全な精神を持ったいい男《ナイスガイ》だと思った。

ところで、三十数年前のお前は何者だ。そして、いま、お前は何者だ。どこに立っているのか。

デンマーク

学校のことは先生にまかせて

２００８年９月30日。朝、コペンハーゲン中央駅に向かって、大勢の通勤客が急ぐ。駅の外壁面には、何十台という自転車が置かれ、その前の歩道を私も流れに合わせて急ぐ。駅構内につづく階段をのぼろうとした時、腕で自転車を引っかけ、五、六台倒した。どういうふうにして元に戻そうかと考えている時、後ろからきた三人の二十代の女性が、さっと自転車を起こし始めた。私は、もたもたしながら手伝った。起こし終わって私が礼を言おうとすると、じゃあね、という感じで、何事もなかったかのように階段をのぼり、構内に消えていった。三人は友だちではないようだ。ほんの一瞬の出来事だった。

わからないことは姉さんたちに聞く／コペンハーゲン

この日、コペンハーゲン市内の小学校を訪ねる。若い女性教師が担当する三年生のクラスは、二十名ほどだったが、半数近くは移民の子どもたちだ。イラン、イラク、パレスチナ、ボスニア・ヘルツェゴビナなど、イスラム世界からの子どもたちが多い。いまはラマダーン月の断食で、学校を休んでいる子もいる。イスラエルの子どももいる。この学校では三十ヶ国からの移民を受け入れている。民族、宗教、慣習、言語が違う子どもたち。どうすれば、子どもたちが仲良くやっていけるか。この担任の先生は、持ち前の明るさと行動力で、クラスを一つにまとめている。子どもたちは、喧嘩もするが助け合う気持ちも学ぶ。先生は、教えながら育てるのではなく、育てながら教える。ここでは、キリスト教もイスラム教もユダヤ教も仏教も、「先生、どうぞよろしくお願いします」とすべてを先生にまかせている。先生は、悩んでる暇はない。落ち込む暇もない。てきぱきと問題を解決していく姿を生徒たちは見ている。

四年生よ、わかるまで付き合うよ／コペンハーゲン

ドイツ

十六の手習い

小学生の授業参観のあと、あごひげをたくわえた担任のドイツ人の先生に、課外の日本語教室に来てくれないかと頼まれる。放課後、高校生男女十一名に日本語を教えているとのことだ。気安く引き受けたが、学食のランチを一緒に食べたとき、なんとこの日は習字を教えるのだということがわかった。ここミュンヘンでの午後はどうなることやら。

教室に入ると、毛筆と墨汁が机の上にいくつか並んでいる。私は中学生のとき以来、毛筆を持ったことがない。どう教えるか？　隣に目をやると、自分には定年なんかないといわんばかりの元気のいい老先生が、今日は頼んだぞとまかせきった顔をして立っている。ええい、ままよ。

黒板を背に、生徒に向き合う。

「姿勢を正しく、毛筆を、こういうふうに持つ」

生徒たちが用意した手本の字は「川」と「山」の二字だ。

「字はのびのびと、ひといきに書く」

みんな、上手だ。ふだん日本語を学んでいるからだ。あと、もう一歩だ。

「日本には剣道とか柔道とか、武道というものがある。道《みち》だ。習字は書道ともいい、やはり道だ」

私は木刀を振りおろす真似をし、次に黒板にはってある白紙に、毛筆で上から下に書く。

「迷いなく、潔く書きなさい」

生徒たちは無言で手を動かす。姿勢正しく、といったって、肩を怒らせる子、肘を張りすぎる子、腰をやたらにかがめる子と、さまざまだ。しかし、生徒たちが、自分たち自身の道をつくっているのがうれしい。私は隣の老先生にちらっと目をやった。

ヒゲ先生は英語に体育に生活指導も／ミュンヘン

大作曲家への道か／ミュンヘン

リヒテンシュタイン

２００９年４月25日、列車とバスを利用して、ドイツのミュンヘンからオーストリアを経由し、リヒテンシュタインの首都ファドゥーツに着く。

四つの言語を学ぶ子どもたち

ようこそ、リヒテンシュタインに。

私たちの国は、スイスとオーストリアにはさまれた人口三万五千の小さな国です。国土の三分の二が山地です。わたしたちが何語を話すか、御存じですか。ふだんはドイツ語の方言で話し、学校ではドイツ語で授業です。

私は、移民の子どもたち、といってもみな全員リヒテンシュタインで生まれているのですが、小学三年生八名にドイツ語を特別に教えています。ドイツ語の勉強が遅れているのでね。ドイツ語がわからないと他の教科が理解できませんから。いま教えている子どもたちは、アルバニア人四名、コソボ人、クロアチア人、イタリア人、ポルトガル人です。イスラム教徒の子は、別の学校で週一回、ドイツ語で『コーラン』を学んでいます。

この国の子どもたちは、いくつの言語を学ぶと思いますか。例えばイタリア系移民の子どもは、授業で標準のドイツ語を、日常会話で使う語としてドイツ語のアレマン方言、別の学校で週一回イタリア語を学ぶ。現在、リヒテンシュタインでは、国王、政府、EUから資金が提供され、一、二、三年生の英語教材が開発されています。来年から英語のリスニングの授業が取り入れられます。すると、イタリア人の小学生は、四つの言語を学ぶことになりますね。

三年生から四年生になれないことがあります。えっ？　と思うでしょ。なれるかどうかは、担任と校長先生が決めます。不服がある場合は、算数とドイツ語のテストがあります。ドイツ語は、国語ですから、私の役目は大きいのです。

教育関係当局が、一、二、三年生を一緒にして一つのクラスにしたらどうかという案を出しましたが、住民投票で否決されました。年齢でクラスを分けるのでなく、習熟度でクラスを分けるべきだという考え方ですね。わかりますか。むずかしい話になりましたね。でも小さい国だからこそ、年齢差別をなくす教育のモデル国になるかもしれません。あなたの国では低学年の算数と国語の授業はどうですか。うまくいってますか。

フェルトづくり／ファドゥーツ

スイス

2009年5月1日、バスでリヒテンシュタインのファドゥーツからスイスのブクスに入り、列車でチューリヒに向かう。

うまくできなくてもいい

一人でやると二本棒でうまく叩けるのに
みんなでやると狂っちゃう
先生の言うことはよくわかるんだけど
ワンテンポずれちゃう
落ち込んじゃうよ
まわりのみんなは楽しそうにやっている
ええい、狂ってもいいや
みんなと楽しくやろう
小太鼓を思いっきり叩こう

笑顔と遠い黒板／チューリヒ

落ち込むな！／チューリヒ

アイルランド

2009年5月7日、スイスのチューリヒから、空路コペンハーゲン経由でアイルランドの首都ダブリンへ。ダブリンとウィックローの学校を訪ねる。

踊れ、弥次郎兵衛《やじろべえ》

「この鉄の細い棒一本を使って、人間の弥次郎兵衛をつくる。支える台は、すでにできている。黒板で学んだことを、もう一度頭に入れ、取りかかりなさい。溶接には細心の注意を払うこと」

男女十三名の生徒は立って先生の話を聞く。

「それから予定にはなかったが、ゲストが日本から来ている。紹介する」

生徒たちは棒をまるくして頭をつくり、手足をつくる。パーツとパーツを溶接する。青い炎が音をたて、赤い火花が散る。魂が入る。台に乗せ、手に取ってやすりをかける。また台に乗せる。生徒は自分の手で、棒をつまみ、いたわり、好きな子にひそひそ話をするように分身をつくる。理論と実践が溶接される瞬間だ。

「ごめんなさい」と、頭からストンと落ちる弥次《やじ》さん。にやっと笑うのは生徒。「こんにちは」と深々お辞儀《じぎ》したまま反転しない弥次さん。頭をかしげ、弥次さんに謝っているのは生徒。

将来は物理学者か／ウィックロー

支える台は先生だ。台という環境をつくり、無言で支える。その舞台《だい》の上で踊る弥次さんは生徒だ。表現は自由でさまざまだ。踊るも自由、落ちるも自由。理想と現実が溶接される。

先生が、「ウィックローみやげに、気に入った作品を二つ持ち帰ってください」と私にすすめる。私はバランスがとれていて、いつまでも左右に振れるユーモラスな弥次さんと、何回、台の上に乗せても言うことを聞かない、落ちっ振りのいい、一途で頑《がん》固《こ》な弥次さんを選んだ。頑固者は、照れくさそうに私を見つめている。

どこの細道じゃ

学校見学を終えたあと、ウィックローの古い教会跡を目ざし、夕陽が落ち始めた森の中の小道を歩く。耳もとにかすかな震動がある。ラオスの農道で聞いた、私に寄り添うあの魂のコーラスだ。伸びやかに流れる音が姿を現した。

通りゃんせ　通りゃんせ
　ここはどこの細道じゃ
　……
……
行きはよいよい　帰りはこわい
こわいながらも　通りゃんせ　通りゃんせ

ミャンマーで消えた少女たちもいっしょに歌っているではないか。
ありがとう。安心してこの細道を通るよ。
手の鳴る方へ、旅をつづけよう。

制服とまなざし／ウィックロー

イギリス

2009年5月12日、アイルランドのダブリンから空路ロンドンへ。

臨時講師の心意気

「私かい？　地元で長く木工をやっている。たまに、こうやって学校に呼ばれるんだ。臨時講師ってとこだな。あそこにいる若いのが担任だ」

生徒たちは与えられた木片を目の前に置き、何をどのようにつくろうかと思いをめぐらす。みな芸術家だ。すべての生徒に平等で自由な時間が流れる。担任が生徒の間を見てまわる。

ある女子生徒が講師のところに聞きにくる。彼は余計なことは言わない。その子は納得して席に戻る。ある男子生徒が来る。肝心なことだけ話す。その子はうなずき、にこっと笑う。講師は木片一つ一つの柔らかさ、温かさ、時には怖さを知っているのだ。彼の木片に注ぐ愛情を生徒たちは感じている。彼の語る言葉は木片の声だ。彼にとって、生徒たちは大勢の中の一人ではなく、木片と同じように性格の違う一人一人なのだ。木片が一つの作品になっていく。

講師は自分の職場では何をつくっているのだろう。どんな人の注文を受けるのかな。きっと端正で華があり、どこか抜け道のある作品をつくるのだろう。

木片と師弟／ロンドン

校外学習は町角の、海辺の光の中で──ヨーロッパ(6)

実地に見て知識を得る

西ヨーロッパの学校で共通なことが一つある。それは校外学習だ。

学校の外に出て、自分たちの町や近隣の歴史的建造物を実際に見て、感じたり思いをめぐらしたりする。七、八名の少人数で、時には二十名前後のクラス単位で、しばしば、気軽に、しかし安全を第一に考え、出かける。引率者は二～四名だ。目的地までは徒歩で行くことが多いが、バスや列車を利用する場合もある。もちろん学年単位で出かけることも、たまにはある。西ヨーロッパの諸都市、例えばスペインのバルセロナやジローナ、ポルトガルのリスボンやシントラを歩いていると、先生に引率され社会見学をしている小グループによく出会う。

校外学習を通して先生は、教室では与えられない知識を与えることができるだけではなく、教室では見えない生徒の一面と、生徒同士の人間関係を見ることができる。校外学習は、先生と生徒、生徒同士のコミュニケーションを深める上でもとても重要な役割を果たしている。日本以外のアジアの地域では、学校の外に出て実地見学することは、とても少ない。理由は、外に出かける習慣がないだけではなく、引率者の不足や信号が少ないなどの道路事情も含めて、子どもたちの安全が確保されないからだ。

将来のラオスの子どもたちが先生に引率され、寺院《ワット》に花を添えるために列をなして一本の農道を歩く姿や、将来のカンボジアの子どもたちが再建された仏塔《パゴダ》を見学するために、信号のある道を手ぶらで横断する姿を想像すると、思わず、「気をつけて」と声がでて、にやっとする。

西ヨーロッパの校外学習は、東南アジアなどの放課後の清掃と同じ役割を果たしている。

アメリカ合衆国における2001年9月11日の同時多発テロ事件直後、北アフリカのエジプト、チュニジア、モロッコの学校を訪ねる。モロッコからポルトガルへの定期便は飛ばず、十二人乗りの臨時便に乗った。
2001年11・12月にポルトガル、スペイン、イタリア、ギリシャなど、地中海に顔を出している国々を訪問。各国とも多くの学校を見学することができた。翌年4・5月にフランス、キプロス、マルタ、イタリア、サンマリノの学校を訪問。このほか、スペインとフランスには2001年2月から5月にかけて、それぞれ二度訪れている。

先生のもう一つの顔／ジローナ（スペイン）

ポルトガル

古い館が小学校

リスボンの学校を三日間いっしょにまわった若い地元の運転手に、「ポルトガルのどこか静かな町に連れて行ってくれ」と頼んだ。彼、ペドロ君は物静かでギターが好きな独り者だ。車の中はいつもクラシック音楽が流れている。親父さんも運転手だったとのことだ。シントラに行くことになった。旅の途中、彼はシントラの歴史を語ってくれた。町に着き、少しあちこちを見たあと、彼と私は車を降りて、「この近くに学校はないか」と通りがかりの人に尋ねた。

坂道を登りきるあたりに、その小学校はあった。木造の古い館をそのまま校舎として生かしている。外からは、この中で子どもたちが学んでいるとはとても思えない。一歩入ると、庭の中のくねった細い道の両側には草が茂り、名も知らない花が咲く。ところどころに白い大きな古い壷や容器が置かれ、ほの暗さの中に浮かんで見える。そんな中を子どもたちが遊びまわっている。鷹揚《おうよう》な走りにほんのり気品が感じられるのは、気のせいか、館のせいか。

校門前の言い争い／リスボン

スペイン

自分を嫌いになるとき

ぼくが自分を嫌いになるとき
それはクラスメートと大聖堂に出かける道
みんなの前で　好きな先生に
なぜか、意地悪な質問をするとき

バルセロナから列車で一時間、ジローナ駅に着く。ジローナ市の中心に向かって歩く。都会のファッションが、昔ながらの風情が残る落ち着いた町に溶け込んでいる。それでいて、一朝《いっちょう》、事あれば、住民みんなで立ち上がる、そんな秘めた闘志を感じる。これまた気のせいか。

先生に連れられて、校外学習をしている子どもたちに出会う。「六年生を連れて、カテドラル（大聖堂）を見に行くところです」と先生は子どもたちよりも楽しそうに話してくれた。

大聖堂前／ジローナ

時を忘れて／ジローナ

フランス

ボクが一日先生

今日はびっくりした。まさか五歳のボクが算数の先生をやるとは。はじめは、一から二十までの数字を読む練習。次に、ボクはみんなにきいた。

「今日、家から学校に来るまでに、何人の人に会ったか？」

「犬は数えるの？」

「犬は数えない。動物は数えない」

みんなわからない。黙って指を動かしている。ボクもわからない。帰り道、人に会うごとに一人、二人と声を出して数えよう。また、ボクはみんなにきいた。

「マルセイユ港のヨットの帆は、いくつあるか？」

「海に映る帆も数えるの？」

陽と向きあって／マルセイユ

「数えない」

みんなわからない。黙っている。ボクもわからない。帰りに、帆を数えよう。六十を超えても数えられるかな。

こんどは、やさしい問題にしよう。

「いま、ボクのかばんに何冊、本が入っているか?」

「見てもいいの?」

「見てもいい」

みんな答えられた。先生が、よくやった、とほめてくれた。また、先生をやりたいな。こんどは、ボクも答えられる、やさしい問題を、たくさん持ってこよう。

ヨットハーバー/マルセイユ

イタリア

叡《えい》知《ち》

古くから語りつがれている神話は
知恵の宝庫だ
太陽はどこからやって来て
どこへ行くのか
だが、教えてくれないこともある
あなたが
どこからやって来て
どこへ行くのか

今日はどんな物語か／ミラノ

ローマの休日／ローマ

サンマリノ

地中海に飛ぶ

わたしの学校は
ティターノ山の麓《ふもと》の森の中
静かで空気が澄んでいる
文明の誘惑がない
勉強するには恵まれた環境
不満はないのに息がつまる
ナップザック一つ背負って旅に出たい
アドリア海に出て漁場をめぐり
地中海の島々を訪ねたい
一つ一つの小さい島は
固有の文化を持ち
時代の役割がある
いま、何を探し求めているのだろう

島はわたしを待ってくれているかな
わたしの国サンマリノを島から眺めてみたい
人口三万の小さな国《サンマリノ》は何を目指しているのだろう
最後は地中海をぐるっとまわって
ポルトガルのロカ岬の夕日だ
さあ、これでヨーロッパ半周だ
帰りはどうする
いけない、いけない
授業中にこんなことを考えてはいけない

潮騒が聞こえる／サンマリノ

マルタ

老人の正体

ぼくは六年生。名前はダヴィッド。休みの朝、鉛筆と画帳を持って、自分が住むゴゾ島から連絡船で隣のマルタ島へ遊びに行く。一人だ。バスに乗り、マルサシュロックに着く。漁師たちの町だ。海岸沿いには、買い物客がちらほら見えるみやげ物店が立ち並び、誰もいない砂浜では、船《ボート》たちが枕を並べてぐっすり眠っている。店と船の間の砂浜を歩く。遠くに目をやると、麦わら帽子を被り身形《みなり》のしっかりした老人が、青い船の舳先《へさき》に座り、海に向かって背中をまるめ、じっとしているのが見える。漁師というより、司祭が休日、シャツ姿で小説を読むという風情だ。近づくとその船は黄色と赤で縁どられ、船首にはユーモラスな二つの眼が描かれている。魔除けだ。老人は網の目を丹念に点検している。まわり込んでよく見ると網目は思ったより大きい。でかい魚を捕る気だ。思わず顔を見ると、目が合った。

「おはようございます」

「おはよう」

会話は、これだけだ。ぼくはただ、老人が丹念に網を点検し繕《つくろ》うのを見る。この老人が漁に出る姿が想像できない。漁に出るのは息子か。いや、そんなことはない。やはり一人で海に出るの

旅に出たい／ゴゾ島

だ。大物を捕まえに。また目が合った。にやっと笑ったように見えた。その瞬間、これだと直感した。

「すみませんが、あなたをスケッチしていいですか」

「おー」

会話はこれだけだ。春の日差しは弱く、老人の全身を包み込むように降り注ぐ。ぼくは、老人の手許と帽子のひさしの下に陰を見つけ、スケッチをすすめる。老人に礼を言い別れを告げ、聖ヨハネ大聖堂に向かった。

ギリシャ

内と外

急勾配《きゅうこうばい》の高い石塀の上を滑る
うまくいけば天国
坂道に落ちれば地獄
落ちなきゃ痛さはわからない
ぼくらにはぴったりの遊びだ
痛さを知った奴は何人いるか
懲《こ》りない奴はまた滑る
失敗の本当の痛さを知ってる奴は誰だ

アテネのとある小学校を訪れる。校門を入ってすぐ坂を登り、突き当たると校舎だ。その坂の左側は、高い石塀だ。休みのひととき、冬の陽がさす校庭は動きは少ないが精気がある。仲間二人を背中に乗せはしゃぐ子。走りまわって遊ぶ子どもたち。いや、よく見ると、塀の近くにもう一つのグループが何やら相談をしている。スリルを味わいたい男どもだ。

わかってなくても手をあげることがある／アテネ

内と外／アテネ

受けつがれるものは何か——北アフリカ

「読み・書き・そろばん」に『コーラン』の暗誦《あんしょう》

江戸時代の初等教育を担った寺子屋は、「手習い・読み方・そろばん」に加え、中国の書物などを教えた。同時に子どもたちに礼儀作法も身につけさせた。

イスラム世界ではどうだったのだろう。

子どもたちはクッターブという塾（教室）に通い、「読み・書き・そろばん（算数）」と『コーラン』を学ぶ。『コーラン』はイスラム教の聖典なので、その暗誦は一番大切なことだ。モロッコ中部の都市マラケシュやエッサウェラの旧市街に行くと、ふつうの小学校のほかに、いまでもクッターブがある。私が民家の二階にある天井の低い小さな部屋に入ると、十名の子どもが集まって『コーラン』を暗誦している。年齢は五～七歳ぐらいだ。私と顔を合わせても表情を変えず、暗誦を続ける。クッターブは、いまでもイスラム世界の各地に残っている。

私の北アフリカの旅は、2001年2月のアルジェリアに始まり、同年10月から11月にかけて、エジプト、チュニジア、モロッコの三ヶ国、2008年2月のリビアに続く。

北アフリカ五ヶ国の国民は、ほとんどがイスラム教徒で、アラビア語を話すアラブ人が多い。

旧市街のクッターブ／チュニス（チュニジア）

モロッコ

青と子山羊

一筋の道以外は360度、ほとんど砂と砂礫《されき》の砂漠だ。遠く所どころに青が見える。その青に群がるのは山羊か羊か。動くのは少年二人だ。青から青へ不規則な振子のようだ。手を振ると、しばらくこちらの様子をうかがってらくだの競走のようにかけ足でくる。

「手に持っているものは何?」

私は長さ10センチ足らずの割りばしのような小枝をたくさん持っている少年に尋ねる。

「子山羊が草を食べすぎないように、こうやって——横にして口に入れ突っかい棒にするんだ」

「小枝の両端のゆるんだ毛糸が口から出ているのはどうして?」

「毛糸を引っ張ると口から簡単に小枝を出せるからさ。父さんとイランに行ったことがあるんだ。シーラーズってところ。その時、遊牧民の友だちが同じ物を持っていたんでびっくりしたよ」

もう一人のTシャツの子が、目を輝かせて話す。一つ手に取ってみると、毛糸はふっくら柔らかだ。手のひらに扇形《おうぎがた》に並べると、色とりどりで砂漠に咲く命の花のようだ。

「どこから来たの?」

「日本だよ」

「日本って日の出ずる国でしょ。教わったことがある。ここは日の沈むところと呼ばれることもあ

少年の仕事／マラケシュ付近の砂漠で

るよ」

「ぼくらベルベル人だ。砂漠のオアシスで生活している遊牧民だ。山に住んでいる人もいるよ。ほら、あそこにいるのは山羊と羊だ。ほかにらくだもいるよ」

「二人とも仲が良さそうだね。喧嘩することあるの？」

「あるさ。だけど大きな声を出すと子山羊がこっちを見るんだ。子羊も同じだよ。だから子山羊や子羊の前ではしないんだ」

この少年たちは動物に囲まれオアシスに生きるのか、カサブランカに出るのか、その先の地中海を越えてヨーロッパへ行くのか。道は選べるのか。

「あっちに戻るよ、さようなら」

道を選べないで、二人を待っている山羊と羊のもとに走り出す。

アルジェリア

リトル・ガイド

カスバ（城塞）と呼ばれる町は世界で数多くあるが、「ザ・カスバ」となるとアルジェリアのカスバだけだ。迷路のように入り組んだ路地を一人で歩くのは無理だし、そのカスバに足を踏み入れること自体むずかしいと言われている。どこからどこまでをカスバと呼ぶのかもわからず、入口あたりをうろうろしていると、後ろから声をかけられる。背の高い三十代の若者だ。事情を話すと、「ここにいる私の息子に案内させるよ」と親切に言ってくれる。「英語を話せるし、カスバに住んでいるから、みんな息子を知っている」と。

ジダン、七歳。小さいガイドとの二人旅が始まる。ジダンは先に立って路地を上がったり下がったり、行き止まりはたくさんありそうだが、突き当たらない。パッと右に曲って、ひょいと左に走り込む。そのたびに、路地は急に暗くなったり明るくなったりする。荷物を背負ったロバと擦れ違う。ロバをひく若者が振り向いて、「ジダン」と声をかける。その時だけ彼の足が止まる。クロスワード・パズルのような道を跳ねるように進む。こっちを見て、にっこり笑う。

路地の両側は戸を閉じた商店と民家だ。私がここを見たいと明かりが洩れている所を指すと、彼は勢いよく声をかけて戸を開ける。内側から鞣《なめ》し革の匂いに包まれて、人の温もりがゆっくり伝わってくる。ジダンは三畳ほどの部屋のまん中に座っている老人に、二言、三言声をかけると、その老人は慈愛に満ちた笑顔でうなずく。私が姿勢を正し会釈すると、彼はまっすぐ私を見て仕事を続ける。低い天井で洞窟のような部屋。壁の棚には古い靴、革の切れ端、修理道具などが整然と置かれている。私が、

「いつから靴屋さんをやっているのですか」と尋ねると、すかさずジダンが間に入り、「このおじいさんの父の代からやっている」という返事がある。何十年も、この座ったままの姿で仕事をし、祈り、寝ているのではないかとそんな気がする。あの温もりは、アルジェリアの困難な歴史を生きぬいた靴屋の父と子の強い絆から生まれたものだ。部屋の中をのぞく私の横にジダンの顔が並ぶ。

ザ・カスバから地中海を望む

ジダンと私は老人が薄明かりの中で靴を直すのをしばらく見て、明るい路地に戻る。ジダンと同年齢の子どもたちが遊んでいる。ジダンが照れくさそうに目で合図すると、目の合図が返ってくる。急な登り坂だ。

「一番上まで行くよ」

そう言うジダンに追いつくのは大変だ。突然、前が明るく開ける。誰もいない。180度、青空のほかには草に覆われた古い城塞の内壁が見えるだけだ。背後の上方を見ると、斜面に沿って民家が続いている。

「こっち来て！」

駆け足でジダンを追うと、たくさんの小さな船を従えたアルジェ港と、すべてを停止させているような争いのない地中海が広がる。晴れ渡る空は二人だけのものだ。

「ジダンの家はどの辺かな」

「あっち」

と壁の小さな穴から下を指さす。私はジダンが港も、海も、遠くの船も、もっとよく見えるように肩車をする。ジダンは恥ずかしがったが、私のせめてもの感謝の気持ちだ。肩から伝わるこの温もりは、老いた靴屋の父と子のあいだにあったものと同じだ。

この町は時間に追われた生活はしていない。地中海の興亡を飲み込んだ時間がのんびりと流れている。私はこの肩の上の小さな守護神《リトル・ガイド》と一緒にいることの幸せを感じている。

冬の登校／アルジェ

チュニジア

地中海を見せたくて

こつこつ。背中を叩かれ振り返るが、誰もいない。とんとん。叩く音は背中の内側からだ。こつこつは強く、とんとんは控え目だ。

カルタゴの姉弟は、五年生と三年生だった。生徒たちであふれかえる歩道で、足こぎのキックボードを直している。整備はもっぱら弟だ。代わるがわる、こちらをちらっと見る。二人とも空を突き抜けるような笑顔だ。塀越しに二人が通う小学校が見える。今日は学校祭だ。校庭には万国旗が飾られ、その下で子どもたちが人をかき分けて走りまわる。小さな子どもを肩に乗せた背の高い父親が、そのあとを大股で歩く。母親たちの会話は終わりがないようだ。校門近くの小さい舞台で放送の準備をしているのは何年生か。だぶついたズボンをはいた校長先生が、校門で生徒たちを見守っている。ときどき、子どもたちが彼のところに走り寄る。何やら話し、納得して、また遊びの輪に戻る。私と目が合うと、校長先生は軽く右手をあげた。

姉弟に目を向けると、布でキックボードを拭いている。整備は終わったのだ。私は近づいて、二人の脇にいる母親に挨拶する。弟は早口で得意気に、姉は少しはにかみながら、これから街路で始まるキックボードの競技会について話をしてくれた。

五、六年生が横一列、街路に並んだ。姉もいる。キックボードは八台。ゴールは１００メートル

姉と弟／チュニス

先だ。街路樹に手をかけ、弟は大声で母親と声援を送る。その声は姉に届き、その先の地中海に響き渡るだろう。全校生徒が歩道を埋める。校長先生の右手が高くあがった。

こつこつ、ぼくは中学生だよ。この地中海を渡ってフランスの学校に行きたい。エンジニアになりたいんだ。えへへ。成績は良くないけど、フランス語の成績だけはいいよ。できれば、海が見える学校に入学できればいいな。海で家族とつながっていたいんだ。南仏から、このカルタゴの町は見えるかな。

とんとん、わたしは高校生になりました。あれもこれもしたい。けれど本当は何をしたいのか、よくわかりません。学校の帰り、横倒しになった古代ローマ時代の白い柱の上に座り、眼下の海を眺めるのが好きです。母は、自分のしたいことをしなさいと言ってくれます。感謝しています。あなたは母に会いましたね。自分で答えを出さなければいけません。高校生ですもの。

あなたの背中を叩いたのは、何か特別な用事があったからではありません。目の前の地中海が、ことのほか青く穏やかで、空気は透

校長先生とレースの準備／チュニス

き通り遠い対岸の南仏が見えるようです。あの学校祭の日に見た海も同じようでした。あなたにもう一度、この海を見せたくて。

リビア

上から下へ

「みんなのアラビア語は右から左、イタリア語や英語は左から右。日本語はどう書くと思う？」

生徒たちの声がない。私は黒板に「つる」と縦に文字を書く。みんな不思議な顔をしている。

「そう、上から下に書くんだ。左から右に書くこともあるけどね」

担任の先生に頼まれ、五年生の男の子十八名と一緒に勉強だ。今日はじめて会った生徒たちだ。

「こんどは、みんなの名前を教えて下さい」

「ぼくの名前はハリド」

私はハ・リ・ドと声を出しながら黒板に書く。

「みんなも書いてね」

生徒は戸惑いながらもハ・リ・ド、と声を出しながら手を動かす。ハリドはうまく書けて満足そうだ。うまく書けない子には私が手を添える。アリーも何とか自分の名前を書けた。発音するのが難しい名前の子もいる。私が何度か、つっかえてうまく発音できないでいると、見かねて隣の子が助け船を出してくれる。先生は、心配だが顔には出さず、笑って見ているだけだ。

ハリド、アリー、シアラ、サーディ……生徒の名前で黒板がいっぱいになる。

担任の先生が用意した大小さまざまな紙を使って、みんなで鶴を折る。何とか形になった鶴の羽根に、生徒たちは自分の名前を日本語で書く。縦に。あちこちで歓声が起きる。ハリドの鶴が、アリーの鶴が、みんなの鶴が、はい、出来あがり。

レプティス・マグナの遺跡から地中海を望む

エジプト

さとうきびを噛む少女

ほこりっぽい道を歩いていると、子どもたちの声が聞こえてくる。右側に大きな小学校が見える。

「おはようございます」姿勢の正しい十二歳ぐらいの女の子が、校門の前で私に声をかける。

「おはよう。あなたの名前は？」

「クレオパトラ。日本から来たんでしょ」

「どうして知っているの。私が来ることは先生も知らないのに」

「きのう、さとうきびを噛んだときからわかっていたわ。今朝、日の出前、東の方から乾いた冷たい風が吹いてきたの。その風は、わたしの国と同じ海の匂い、お米の匂いをちょっぴり乗せていたもの。あとは秘密。授業見学するんでしょ。さあ、校長先生のところに行きましょう」

「ありがとう」

「サッカー、好きでしょ？」

「よくわかるね」

「今日、お客さんのためにサッカーの試合をするわよ。1時に全校生徒が校庭を囲むわ」

「私のために？　どうしてそんなことがわかるの」

さとうきびを片手に／アレキサンドリアに向かう道

「はい、ここが職員室よ。わたしのクラスにも来てね」

校門を出ると、またその少女に会った。学校の帰りだ。

「クレオパトラ、今日はありがとう。これからどうするの？」

「みんなには黙っててね。さとうきびを噛みながら寄り道するの。まわり道すると、これから先が見えるの。さとうきびの甘い汁が、二千年前のドラマを見せてくれるときもあるわ。今日は楽しかった。みんなも喜んでいたわよ。また東の方から風が吹いてくれるといいな」

あとがき――なぜ、十二歳か

私が長い旅に出かけるようになったきっかけは二つある。一つは、1996年11月の中国訪問だ。今から三十数年前、文化大革命後、日本にやってきた中国の国費留学生を四名、むさくるしい我が家で二年間お世話した。帰国後その一人が武漢にある大学の学長になったので、私は彼を訪ね、大学の付属小学校で六年生の英語の授業を見学する機会を得た。もう一つの旅のきっかけは、翌年のカンボジア、ミャンマー、タイ、ラオスなど東南アジア諸国の訪問だ。小学校・中学校・高等学校を見学することができた。別の文化があると驚いた。

そこから私の旅が始まった。旅の順序は決まっているわけではない。子どもたちの声が聞こえてくるとその方角に出かける。滞在は十日間のこともあれば二ヶ月以上のこともある。「袖振り合うも多生の縁」と言うが、何かの縁でその国を訪問することもある。

旅はいつも台本《シナリオ》のない一人旅。学校がどこにあるか地元の人に聞き、事前の予約なしで学校を訪問する。その土地にはその土地の、その学校にはその学校の伝統と風習がある。学校の前に立ち、その土地の空気の中に包み込まれてはじめて、これからどうするかを決める。いつも、学校の見学が許可されるかどうか不安でいっぱいだ。東南アジアを訪れたときも、ヨーロッパを旅した際も、そんな不安を抱えながら、朝早く誰もまだ来ていない学校の入口に立ってきた。

この町のあと、次にどの村に行くかは成り行きまかせ、縁次第。ほんとうに困った時は、土手の上で、川のほとりで、寺院の中で耳を澄ます。風に乗って鳥のさえずり、洗濯する音、動物の鳴き声に交じって子どもたちの声が聞こえてくる。導かれてその学校を今日も訪ねる。

私の学校訪問を可能にし、世界の人々と膝を交えた語らいができたのは、世界の人々に共通する日本および日本人に対する尊敬の念があるからだ。過去の日本の規律正しさ、団結力、礼儀正しさ、潔さに対する尊敬の念。現在、世界各地で汗を流している日本人の勤勉さ、面倒見のよさ、手抜きをしない仕事ぶり、清潔さに対する尊敬の念。過去から現在に続く積み重ねが私の旅を可能にしたと確信している。

危険な目に遭わず、世界を安全に旅することができたのは、ひょっとすると、世界に十二歳のネットワークが張り巡らされているのではないか。私が訪問したほとんどの学校がパソコンを持っていた。私が訪ねたある国の十二歳が、私が次に訪れる国の十二歳に合図《メール》を送っているのではないか。そのメールを世界中の十二歳が同時にキャッチしているのではないか。携帯は持っていない、パソコンはできない、運転免許は持っていない、今までに時計も財布も持ったことがない、そんな人を野放しにしたら危なっかしい、何とかわたしたちが見守ってやらなければと十二歳たちはネットワークをつくったのだ。そう考えるとすべて合点《がてん》が行く。

ありがとうよ、十二ワークの十二歳のみなさん。

井上直也

著者●井上 直也（いのうえ・なおや）
1941年、上海に生まれる。1963年、早稲田大学政経学部卒業。2000年4月以降、日本国内および海外で「写真と詩」展を多数開催。
現住所　東京都世田谷区松原4－35－17

▲ラオスの子どもたちと

【使用機材等】
●カメラ：ペンタックスMZ3、MZ5、645NⅡ
●フィルム：コダック
●写真画像アーカイブ：日本写真印刷

世界の学《まな》び舎《や》　こんにちは！　12歳のネットワーク

2015年6月6日　初版第1刷発行

著　者　井上直也
発行者　西村正徳
発行所　西村書店
東京出版編集部　〒102-0071 東京都千代田区富士見2-4-6
Tel. 03-3239-7671　Fax. 03-3239-7622
www.nishimurashoten.co.jp
印　刷　三報社印刷株式会社
製　本　株式会社難波製本

ISBN 978-4-89013-722-0

著者が訪問した国・地域（1996～2012年）

第1回　1996年11月　中国
第2回　1997年2月　カンボジア、タイ、ミャンマー
第3回　1997年4・5月　ベトナム、ラオス
第4回　1997年6月　カンボジア（2回目）、ミャンマー（2回目）
第5回　1997年7・8月　マレーシア
第6回　1997年9月　フィリピン、ブルネイ・ダルサラーム
第7回　1997年11・12月　インド、ネパール、パキスタン
第8回　1998年1・2月　バングラデシュ、スリランカ
第9回　1998年4・5月　インド（2回目）、ブータン、タイ（2回目）
第10回　1998年8月　インドネシア、タイ（3回目）
第11回　1998年9月　シンガポール、バングラデシュ（2回目）
第12回　1998年10・11月　ラオス（2回目）、ミャンマー（3回目）
第13回　1999年1月　モルディブ、パプアニューギニア
第14回　1999年4・5月　モルディブ（2回目）、ネパール（2回目）
第15回　1999年5・6月　モンゴル
第16回　1999年9月　ウズベキスタン、カザフスタン、キルギス
第17回　2000年9月　ウズベキスタン（2回目）
第18回　2001年2・3月　スペイン、フランス、アルジェリア
第19回　2001年4・5月　スペイン（2回目）、フランス（2回目）
第20回　2001年10・11・12月　エジプト、チュニジア、モロッコ、ポルトガル、スペイン（3回目）、イタリア、ギリシャ
第21回　2002年3月　韓国
第22回　2002年4・5月　フランス（3回目）、キプロス、マルタ、イタリア（2回目）、サンマリノ
第23回　2002年8月　ネパール（3回目）
第24回　2003年9・10・11月　ロシア、ベラルーシ、ウクライナ、モルドバ、アルメニア、グルジア、アゼルバイジャン、エストニア、ラトビア、リトアニア
第25回　2003年12月　ロシア（2回目）、タジキスタン、ア